シェルター・木村一義の
「木造都市を全国につくる！」

「財界」主幹
村田博文

財界研究所

シェルター・木村一義の
「木造都市を全国につくる！」

「財界」主幹
村田博文

財界研究所

木村一義 きむら・かずよし

1949年山形県生まれ。72年足利工業大学工学部建築学科卒業後、カーネギーメロン大学大学院建築科留学。帰国後の74年シェルターホーム（現・シェルター）を創立。2020年より会長をつとめる

はじめに

木造建築の可能性を掘り起こして

木造都市をつくる――。木村一義さんの思いは着実に広がりを見せている。

米国留学から帰国後の1974年（昭和49年）、木村さんは24歳の時、『シェルターホーム』（現シェルター）を創業。以来、半世紀にわたって木造建築の可能性を掘り起こし、木造都市をつくることに情熱とエネルギーを傾けてきた。

その情熱とエネルギーはどこから生まれてくるのか？「木造建築こそが地方創生と日本の経済再生につながると考えています」という木村さんの思いがそこにはある。

「木は環境にやさしい素材で、地球温暖化対策になりますし、何より住んでいて人の心を温かくしてくれます。われわれは人々が心身ともに豊かに暮らすことができる環境をつくるため、木造建築によって、『都市《まち》に森をつくる』事業を推進していきたい」

この木造建築に対する思いがさまざまな可能性を掘り起こしていった。シェルターと木村さんの存在を世に知らしめたのは、何と言っても燃えない木の開発であろう。

木造都市づくりは今や欧米でも重要な試みとして注目されているが、「一般に木は燃えやすい」と思われていることをどう克服するかという共通課題を抱えてきていた。

日本でも、戦後復興期の1950年（昭和25年）以降、長らく高さ13メートル以上の木造建築物を都市部で建てることが禁止され、大型の建築物は大半がRC（鉄筋コンクリート）造りにされてきた。

そこで奮い立ったのが木村さん。木造都市をつくりあげていくには、「木材の耐火性能を高めなくては」と研究開発に勤しんだ。

最初に挑戦したのは、1時間耐火の『燃えない木』の開発である。

開発の核心は本稿を読んでいただきたいが、建物を構造的に支える木材開発のため、1000度を超える高温での耐火試験を何度も繰り返し行っていたのだ。

こうして完成したのが木質耐火部材『COOL WOOD（クールウッド）』で、2009年に特許を取得。この後の2時間耐火試験、さらに、法律上最長の3時間耐火試験にも合格し、それぞれ2014年～2017年に国土交通大臣認定を取得している。国内はもとより世界初の快挙である。

2024年（令和6年）2月、東京・豊洲卸売市場に隣接する集客施設、『豊洲《とよす》千客万来《せんきゃくばんらい》』がオープンした。江戸の街並みを再現した飲食街や物販店それにお湯を楽しむ施設は江戸情緒たっぷりで、インバウンド客の人気を呼びそうだが、ここにも木質耐火部材『COOLWOOD』が使われている。

阪神・淡路大震災で見せた耐震性

「原理原則を大事にしたい」――。シェルターの経営を見ていると、木村さんが原理原則にこだわっていることを強く感じる。

木村さんが重視するのは、『エンジニアード・ウッド・ストラクチャー（構造計算ができる強度の高い木構造）』。同じ木造建築といっても、在来工法とは技術的に全く異なる。木材と木材の接合をどのように行うのか、また梁《はり》の中を配管が貫通する時にはどう断熱するのかといった技術的課題を克服しなければならない。木造建築の強度を高める『KES構法』がその代表例。従来の軸組工法では、柱と梁の2つの部材を組み合わせるため、ほぞ（枘）と、ほぞ穴をつくる。ほぞとは部材の先端につくられる突起のこと。このほぞをもう1つの部材のほぞ穴にピタリとはめて、部材同士をつなぎ合わせる。高度な職人技が要求されるが、その構造上、柱や梁を削り取るため、その木材が本来持つ強度を弱めることにつながる。

そこで、片方の柱にオリジナルの金物を組み込み、それをボルトで締めて、もう一方の木材につくった溝に金物を差し込み、それをドリフトピンで緊結するという接合方法を産み出した。

こうした形で、木造建築の弱点でもあった接合部分を強化したのが『KES構法』である。ちなみに、KESとは、本人の名前のKimuraと、優れたという意味のExcellent、そして構法のStructure Systemの頭文字を取って名付けたもの。

こうしたシェルターの耐震の木造建築づくりが、広く注目を浴びたのは1995年（平成7年）のこと。

同年1月17日未明、阪神・淡路大震災が発生。神戸市など兵庫県内を中心に6400人以上の犠牲者を出した大震災。鉄道の線路はゆがみ、高速道路は横倒しになり、民家も揺さぶられ、全壊・半壊合わせて約46万世帯が被害を受けた。

シェルターは当時、ＫＥＳ構法で被災地に73棟の3階建て木造住宅を建てていた。大地震発生の一報を聞いた木村さんはただちに社員と共に新幹線で神戸へ駆けつけた。しかし、現地には容易に近づけない。一般道路は倒壊物でふさがれて、前へ進めないからだ。

地震発生から1週間後、ようやく現地に近付くことができた。阪神電鉄・御影駅に降りると、周りの家は倒壊して、ガレキの山。すさまじい惨状に声も出ず、呆然と歩いていると、はるか前方にポツンと白い3階建ての住居が見えてきた。

近づくと、ＫＥＳ構法で建てた木造住宅であった。木村さんは思わず息をのんだ。周りの住宅がことごとく倒れているのに、ＫＥＳ構法住宅がしっかりと立っているではないか。この姿を見て、涙が溢れ出てくるのを止められなかった。

被災地に建てた73棟は倒壊をまぬがれていたのである。

２０１１年（平成23年）3月11日の東日本大震災。この時もＫＥＳ構法の強さが実証された。宮城県石巻市北上総合支所の木造2階建ての庁舎事務棟は骨組みが倒壊せず、構造体も流されなかった。耐震・耐火性の強い木造建築づくりを目指す木村さんの努力は今後も続く。

「100年間住める木造住宅」づくりが自らの使命

今、世界中が混沌としている状況にあって、「自分の使命とは何か」が問われる時代である。パーパス（purpose：使命感、存在意義）という言葉が使われるのも、そういう時代状況だからであろう。

木村さんは1974年（昭和49年）に起業。自らの使命について、それは木造都市をつくること。それによって世の中を変えたいと語り、それを実行・実践してきた人生。

父親は郷里・山形で工務店を営んできた。数人の弟子を抱え、地域の住宅建設を引き受けてきた棟梁であった。職人技を磨き、良質の家を建てることに誇りを持って仕事に向かう父親であった。

そうした父の姿を見ながら育った木村さんは、24歳の時、日本の住宅の在り方を変えたいという志を持って、シェルターを創業。

戦後の日本の住宅づくり、建築後30年で解体され、次の世代もまた住宅ローンの負担を背負うという風潮を変えられないか――という志であり、使命感であった。

「わたしは米国留学から帰ってきて、耐久性のある100年住宅をつくりたいと思ったんです」と木村さんは24歳時の創業の思いを語る。

住宅は固定資産であり、建てる人にとって大切な財産。もっと日本の住宅の付加価値を高めなくてはという思いが、木造住宅づくりに向かわせたのである。

「誰かが苦労して建てた家なのだから、少なくとも二代にわたって住める、いや三代にわたって、１００年間は住めるような家にしていかないと」と語る木村さんである。

『都市に森をつくる』は、森林循環経済にも貢献

『都市《まち》に森をつくる』という運動は着実に広がりつつある。大阪城北側エリアに建つ西日本最高8階建ての都市木造マンション〝都島プロジェクト〟もその一つ。東京・日本橋兜町に建つビル〝ＫＩＴＯＫＩ〟は、ＳＲＣメガストラクチャーと耐火木造を組み合わせた10階建の木造ハイブリッドビルとして注目される。

こうした木村さんの木造建築・木造都市づくりについて、三菱総合研究所の小宮山宏理事長（東京大学元総長）は「森林循環経済を実現していくうえで、非常に意義深い」と評価。

小宮山さんが会長を務める『プラチナ構想ネットワーク』は２０２３年5月、『ビジョン

2050　日本が輝く、森林循環経済』を公表。これは、「石油化学からバイオマス化学への転換、木造都市（まちの木造化・木質化）の展開、森林・林業の革新」の3つの戦略を柱として、これからの日本の森林産業のあるべき姿をまとめたもの。

日本は、国土の3分の2が森林におおわれているのに、つまり森林資源が豊富な国なのに、それを利用しきれていない。その森林を活用して、木村さんのように木造都市づくりを進めることは、日本を資源自給国家にしていく第一歩になるという小宮山さんの評価である。

2024年12月、シェルターは創業50周年を迎える。『木造都市を全国につくる！』という木村さんの挑戦はこれからも続く。

なお、本文中の敬称は略させていただいた。

2024年3月　『財界』主幹　村田博文

シェルター・木村一義の「木造都市を全国につくる！」　目次

＊なお、文中の『木造都市』、『都市に森をつくる』、『KES』、『COOL WOOD』、『FREE WOOD』は株式会社シェルターの登録商標です。

第1章

大震災に強い木造建築づくり、接合金物工法を開発

「木造都市をつくりたい」――。1974年（昭和49年）、24歳で『シェルターホーム』（現シェルター）を創業した木村一義は、木造建築の可能性を一貫して追い求めてきた。木造建築の最大の弱点とされてきた接合部分に金物を用いる『KES（ケス）構法』を独自開発。驚異的な強度を持つ同構法は、阪神・淡路大震災や東日本大震災時においてもその〝力強さ〟が立証された。優れた耐久性・耐震性に加え、木をいかに燃えなくするかという研究を進め、法律上最長となる3時間の耐火性能を有する木質耐火部材『COOL WOOD（クールウッド）』を開発した。『KES構法』と併せて、純木造での高層ビル建築が可能になった。日本の森林資源の有効活用にも繋がる木村の〝都市の木造化〟構想だ。

〝都市の木造化〟を後押しする法律が施行

「都市に森をつくる」――。

1974年（昭和49年）の『シェルターホーム』（現シェルター）創業以来、木造建築の可能性を追い求めてきた木村一義。

2010年（平成22年）に制定された『公共建築物等における木材の利用の促進に関する法律』が、21年（令和3年）6月に『脱炭素社会の実現に資する等のための建築物等における木材の利用の促進に関する法律（都市の木造化推進法）』として改正、同年10月に施行された。民間の建築物にも積極的に木材を活用し、国産材の需要を高めることで、森林の適正な整備や建築物への炭素固定によるCO2（二酸化炭素）排出量削減に寄与し、地球温暖化の防止、地方創生、国土強靭化等の実現に貢献するものだ。

法改正の骨子案をまとめたのは、19年（平成31年）4月に国会議員によって設立された『森《も》林《り》を活かす都市《まち》の木造化推進議員連盟』。この動きに賛同する団体、企業、地方公共団体で構成された『森林を活かす都市の木造化推進協議会』の副会長も務める木村は、十数年前から『都市の木造化』を提唱し、此度の法改正にも尽力してきた。

2018年（平成30年）11月、林政対策を話し合う議員の会合に招かれた木村が「木造都市」の必要性についてプレゼンテーションを行ったところ反響が大きく、翌年4月には議員連盟が設立された。さらに協議会の副会長に選出され、シェルターの技術を採用した大規模・中高層木造建築の視察対応や会合への参加などの活動を通して法改正に貢献した。議員の勧めで衆議院での法案可決の瞬間を傍聴席で見守ることができ、長年思い続けてきた

「木造都市の法制化」が実現したことに感激したと言う。「ウッドファースト（建築を計画する際に、まずは木造でできるかを検討すること）の機運が高まって『木造都市』の実現を後押しする法律が施行され、本当にうれしい」

新しい法律が施行され、〝都市の木造化〟へ向けて、我が国が新しいステージを迎えたことが感慨深い。

世界一流の住宅づくりを目指して

木村は足利工業大学工学部建築学科を卒業した後、米カーネギーメロン大学大学院建築科に留学。米国をはじめ、欧州各地の建築を視て、いろいろなことを学んだ。

1974年（昭和49年）、木村は留学から帰国し、24歳で『シェルターホーム』（現シェルター）を創業。留学時に見た建物に着想を得て、日本で初めて接合金物工法を用いた木造建築物『KESプロトタイプ』（旧社屋）を設計、建築した。この建物は現在シェルタープレカット工場の事務所として使用されている。

同年、日本の住宅業界では、19世紀に北米で生まれた「ツーバイフォー工法（木造枠組壁構法）の技術基準が告示され、一般工法としてオープン化。その合理性から普及が拡大していた。

82年には山形でもようやく認可され、シェルターでも県内初となるツーバイフォー工法の注文住宅を建築し事業を軌道に乗せていた。しかし心のどこかで「これでいいのだろうか」と自問自答を繰り返していた。

「日本は住宅においても欧米に負けている。独自の方法で、資産価値の高い世界一流の住宅をつくりたい」

木村は温めていた『接合金物工法』で勝負していくことを決意する。

強度を高める『ＫＥＳ構法』を開発

多少専門めくが、在来の軸組工法では、柱と梁《はり》など、２つの部材を組み合わせるために、〝ほぞ（枘）〟と〝ほぞ穴〟をつくる。

〝ほぞ〟とは部材の先端につくられる突起で、これをもう一つの部材の〝ほぞ穴〟にピタリとはめていく。高度な職人技を必要とし、またその構造上、柱や梁を削り取るため、木材が本来持つ強度を弱めることになる。

接合部分は木造建築の弱点であったわけだが、木村はこの接合部分をいかに強くするかに腐心した。

「片方の柱にオリジナルの金物を組み込み、それをボルトで締める。そして、もう一方の木材につくった溝に金物を差し込み、それをドリフトピンで緊結するという非常にシンプルな接合方法です」

木村はこの技術を『ＫＥＳ（ケス）構法』と名付けた。ＫＥＳとは、本人の名前のKimuraと、優れたという意味のExcellent、そして、構法のStructure Systemの頭文字から取っている。シンプル、ストロング、スピーディーが特徴のＫＥＳ構法は設計の自由度を飛躍的に高め、日本、アメリカ、カナダで特許を取得している。

もう一つのポイントは構造材にエンジニアード・ウッド（構造用集成材）を使い、部材の構造計算を行うということ。天然の木は強度にバラつきがあるが、エンジニアード・ウッドは材質が均一で強度性能が保証されており、部材にかかる荷重と、それに耐えるための部材断面寸法を計算することが可能だ。

接合部分に金物を使い、構造計算ができる強度の高い木構造（エンジニアード・ウッド・ストラクチャー）を実現させたことで、木村は〝木造革命〟を起こした。

この『ＫＥＳ構法』による第一号の住宅が完成したのが、１９８７年（昭和62年）、創業から13年の歳月が経っていた。

木村は、このＫＥＳ構法で全国展開を図ろうと、ツーバイフォー工法による注文住宅事業を止める決断を下す。

「せっかくツーバイフォーによる事業で伸びてきたのに」と反発する社員もいて、辞職するものも少なからず出た。

この時は悩んだが、自分が正しいと思う道を選んだ。ＫＥＳ構法による木造建築は構造上も必ずや評価される――という確信であった。

阪神・淡路大震災を耐え抜いた『木造住宅』

創業以来、約50年の歴史の中で、大きな転機になったのは、阪神・淡路大震災と東日本大震災である。

１９９５年（平成7年）１月17日未明に起きた阪神・淡路大震災。神戸市など、兵庫県内を中心に6400人以上の死者を出した大震災。鉄道の線路が崩れ落ち、高速道路が横倒しになった。民家も土台ごと揺さぶられ、倒壊し、全壊・半壊合わせて約46万世帯が被害を受けた。

木村は1988年にフランチャイズ加盟店の募集を開始してKES構法の普及を図っており、被災地には73棟の3階建て木造住宅を建てていた。

そこへ大震災発生の一報。居ても立ってもいられず、社員と共に新幹線で神戸へ駆け付けた。

しかし、現地は鉄道も高速道路も使えず、一般道路も倒壊物でふさがれて前に進めない。阪神電鉄の御影駅までたどり着けたのは、地震が発生して1週間後のことであった。

御影駅で降りると、周りは建物が倒壊し、がれきの山と化している。余りにもすさまじい惨状に言葉も出ず、呆然と歩いているうち、はるか彼方にポツンと白い3階建ての住宅がかすかに見えた。

気になって近付いていくと、シェルターのKES構法で建てた木造住宅であった。

息をのむとは、まさにこのこと。KES構法の家があの惨状の中でしっかりと立っている光景に胸が熱くなった。その家の住人も無事で、それを聞いた時は安堵感に包まれた。この事実を新聞やテレビなどのメディアが取り上げ、ＫＥＳ構法が俄然注目されるようになった。

建築基準法改正にもつながって…

鉄筋コンクリートの商業ビルや住宅が倒壊している中、ＫＥＳ構法の木造住宅、それも3階建てがしっかり立ち続けているという事実。その後の調査で、神戸や大阪など関西圏で建てていたＫＥＳ構法の73棟は倒壊を免れていることが判明した。

「木造住宅でも、接合金物を使えば強くなる」という信念と自信が立証されたということである。

これ以降、『接合金物工法』は日本の木造住宅の主流になっていった。そして、この阪神・淡路大震災を契機に、２０００年の建築基準法改正では、柱や梁の接合部にかかる強さに応じた金物を設置すること、そしてバランスを考えた壁の配置に関する規定などが盛り込まれた。

東日本大震災でも立証

そして、東日本大震災の発生。

２０１１年（平成23年）３月11日、マグニチュード9という日本の観測史上最大の地震。巨大津波は東北の沿岸部を次々と襲った。

先の阪神・淡路大震災からは16年が経つ。この間、シェルターのＫＥＳ構法は、全国で約５００棟の公共建築で採用実績を築いていた。

宮城県石巻市の北上総合支所もその一つ。三陸リアス式海岸の南部に位置する石巻市北上町は北上川の河口にある。その北上総合支所には、図書館や体育館、研修室がある鉄筋コンクリート造りの建物と、ＫＥＳ構法による木造２階建ての庁舎事務棟がつながっていた。

そこへ、建物の高さを超える巨大津波の襲来。鉄筋コンクリート造りの棟は基礎から破壊されてしまった。木造２階建ての庁舎事務棟の方は、骨組みは倒壊せず、構造体も流されずにいた。明暗を分ける光景である。

２度の巨大地震を耐え抜き、「自分のやってきたことは間違っていなかった」という思いを強くする。

木造都市をつくる基盤技術

木村は都市の本造化を進めるために発明を続け、登録されている特許や意匠・商標権は数多い。先述したＫＥＳ構法と木質耐火部材『ＣＯＯＬ ＷＯＯＤ（クールウッド）』はいずれも『文部科学大臣表彰　科学技術賞』を受賞している。ＫＥＳ構法のコネクターはＣＯＯＬ ＷＯＯＤにインサートできるため、火や熱に影響されずに相乗効果を発揮する。木造都市の実現においてなくてはならない基盤技術である。

２０１８年（平成30年）には一般社団法人山形県発明協会の会長に就任し、将来の産業を担う子どもたちにものづくりの大切さや楽しさを伝える活動にも力を入れている。

「日本は木の文化の国。森林が国土の70％を占め、２５００万㌶もの面積があります。これを生かさなければならない」

日本の森林の内、約４割は戦後の住宅需要によって植林された人工林である。木はＣＯ２を吸収し成長するが、成熟するとその働きが緩慢になる。伐採期を迎えた木を伐って、使って、植えて、育てるサイクルを促すことが重要だ。

大規模・中高層木造建築により都市には大量のCO2が固定化され、林業活性化、雇用の創出、地方創生に繋がる。木造都市こそカーボンゼロのまちづくりであり、SDGs（持続可能な開発目標）の本丸だ。

都市に森をつくる――。この大きな目標に向かって、木村は今日もチャレンジしている。

阪神・淡路大震災にも耐えたKES構法による3階建住宅

第2章

原理原則を大事にする経営を実践、"燃えない木材"を開発

「原理原則を大事にしたい」――。木造建築の可能性を追い求め、木造都市を世界各地につくりたいと言う木村は、このコロナ禍にあっても欧米など各地に飛び、木造建築の学会関係者や事業者と会い、木造都市づくりについて意見交換している。対話の中で、欧州の指導者から、「木村は30数年前、我々の所に学びに来たけれど、今、日本は我々より優れた木造建築をつくっている」と言われた時はうれしかったと述懐。24歳で起業して、2024年には創業50周年を迎える。改めて、木の魅力とは何か？

〝燃えない木〟を開発

木造都市づくりは欧米でも重要な試みだとして、関心を持たれ始めている。

その中で、「木は燃えやすくて危険だ」と思われていることをどう克服するかという課題があった。1950年（昭和25年）以降、戦後長らく高さ13メートル以上の木造建築物を都市部で建てることは禁止され、大型の建築物はほとんどがRC（鉄筋コンクリート）造りにされてきた。

そこで木村は、大型の木造建築をつくり、引いては木造都市をつくっていくには、「木材の耐火性能を高めなくてはいけない」と考え、工夫に工夫を重ねてきた。

最初に挑戦したのは、1時間耐火の『燃えない木』の開発である。

木材を石膏ボードで覆うことで燃えにくくするやり方もあるが、これでは木材そのものを石膏ボードで隠すことになり、木の良い所が見えなくなる。木の温もりや木目の美しさを楽しめる形で、〝燃えない木〟づくりへの挑戦が始まった。

あれこれ苦慮していたある時、木村はアイデアを思いついた。

石膏ボードを表面に貼るやり方ではなく、木材に石膏ボードを貼り、さらに外側に木材を貼るやり方である。

建物を構造的に支える木材を石膏ボードでしっかり保護することで、表面は燃えても、中の柱や梁に火は達しないことが分かった。千度を超える高温での耐火試験を繰り返し行った。

こうして木質耐火部材『COOL WOOD（クールウッド）』を開発。2009年に特許を取得。2013年には1時間耐火の国土交通大臣認定を取得。

さらに〝2時間耐火試験〟、法律上最長の〝3時間耐火試験〟にも合格し、それぞれ

２０１４年、２０１７年に国土交通大臣認定を取得。これは国内はもとより世界初の快挙であった。

COOL WOOD採用。『豊洲 千客万来』

２０１８年10月に東京都最大の卸売市場が築地から豊洲（江東区）に移転して5年余。その豊洲市場に隣接する集客施設『豊洲《とよす》 千客万来《せんきゃくばんらい》』が２０２４年に営業を開始した。

宿泊・観光事業を営む万葉倶楽部が運営するもので２０２１年秋に着工。約１万８４０平方㍍（3千坪強）の敷地面積に地上9階、地下1階の集客施設をつくる（東京臨海新交通臨海線『ゆりかもめ』の『市場前』駅とペデストリアンデッキで連絡）。

地下の部分は駐車場で、3階建ての低層部は、江戸の街並みを再現した飲食街や物販店が入る食楽棟、9階建ての高層部は箱根・湯河原のお湯を運び込む温浴施設やホテルがある温浴棟で構成される。

江戸っ子が好む銭湯や花火などのコンテンツも用意、さらには魚料理も楽しめるということで、新市場・豊洲の人気を高めるだろう。

国内外の観光客の関心を集めそうなのが食楽棟のデザインと『千客万来』という施設名にも象徴される江戸情緒が漂う設計。全施設の構造は、鉄骨造、鉄骨鉄筋コンクリート造、木造という〝混成〟だが、江戸の街並みを再現する食楽棟は主に木造で建てられた。

企画設計・監修は万葉倶楽部株式会社一級建築士事務所、設計は五洋建設株式会社本社一級建築士事務所、木造設計はシェルターが担当。施工は温浴棟と食楽棟の地下〜1階を五洋建設株式会社、食楽棟の2〜3階を株式会社石井工務店が行い、木造部分にはシェルターが開発した木質耐火部材『COOLWOOD（クールウッド）』が使われた。

この『千客万来』にシェルターの部材やノウハウが使われるのも、木造建築の魅力が高まっていること

2024年に営業を開始した『豊洲 千客万来』のイラスト

との証左であろう。

この他にも、都内では品川周辺や六本木・ミッドタウン周辺でも建築に木材が取り入れられている。

人間にとって木造の魅力とは？

改めて、木の魅力、木造建築の良さは何か？

「やはり木には癒されるとか、暖かだとか、そういう魅力があります。あと何といっても健康には一番良い素材ということですね」

木村は、魅力をこう告げながら次のように続ける。

「大学の実験で、マウスを木、鉄、コンクリートの箱で飼育したところ、コンクリートは生存率7％、鉄は41％だったのに対し、木は85％と大きな差があった、というものがあります。木造建築は断熱性や湿度を調整する効果が高く、温度や湿度が一定に保たれやすいので、快適に過ごすことができるんです。木造校舎とRC造校舎では、木造の方が教師の疲労感が少なく、生徒も眠気とだるさを感じる割合が少ないなどの調査結果があります。木の香りによるリラックス効果など、木造の心身への影響は科学的な検証が進んでいるところです」

木村は、木という素材の良さ、また木と人の相性の良さを強調する。

住まいと平均寿命の関係などでも研究が進む。コンクリートのマンション住まいと木造住宅に住む人とでは平均寿命に差があるのか？　そして、あるとすれば、どれ位の差になるのか――といった研究である。

「コンクリートのマンションから木造へと移り住む人から、良さを五感で感じることが多いと聞きます。結露がない、暖かい感じがする、温度が一定、ストレスを感じない、こうした反応が広がっています」

続けて木村が語る。

「わたしは、お客様のニーズがあると信じて、木造建築をやってきました。事業で儲かるからやったわけではない。新しい技術で新しいマーケットをつくり、技術で勝負してきた。あくまでもお客様に喜んでいただける、感動していただける仕事をつくってきた会社なんです」

木造建築で世の中を変えていく――。この思いは、創業時も今も変わらない。

ナポレオン・ヒルの『成功哲学』に啓発されて

志や使命感を持つことが大事――。1972年（昭和47年）、木村は足利工業大学工学部建築学科を卒業し、米カーネギーメロン大・大学院建築科に留学。学生時代はナポレオン・ヒルやジョセフ・マーフィーを読みふけった。

「20歳のときにナポレオン・ヒルの『成功哲学』を読み感銘を受けました。書いてあったのは目標を設定することの重要性です」

ナポレオン・ヒルは米国の新聞記者出身で著述家。鉄鋼王と呼ばれたアンドリュー・カーネギー（1835-1919）を取材していて、興味を持ち、カーネギーの成功哲学を体系的に研究した人物として知られる。

カーネギーは、貧しい機械職人の家庭に生まれ育ったが、それこそ刻苦勉励して、鉄鋼王と呼ばれるほどの財を成した。しかし、財団や教育基金をつくり、自らの財産を社会に還元する形で人生を全うした。

カーネギーは、最も重要な財産は自身が築いてきた成功哲学という考えを持っており、それをナポレオン・ヒルに依頼して、外から見た目でその成功哲学や経営理念を体系化してほしいと依頼したという説もある。

ナポレオン・ヒル自身、成功者に共通する資質とは何か？　という問題意識を持ち、数百人の経営トップのことを調査・研究したといわれる。

木村が留学したカーネギーメロン大学も、カーネギーの寄附で設立された名門大学。カーネギーは芸術ホールやいろいろな研究所設立のために財産を提供し、奨学金の給付などで人材育成にも動いた。社会貢献に尽くした経済人であった。

出発点の思考が正しければ…

ナポレオン・ヒルは1970年に87歳の生涯を閉じたが、『成功哲学』は多くの青年に力と勇気を与えた。

「自分の心に嘘はつかない」、「人の真似をすることを否定はしないが、単なる真似だけではいけない」、「信じられることは達成できる」といった分析に、木村も心が揺さぶられた。

ナポレオン・ヒルの『思考は現実化する』という考え方も腑に落ちた。原理原則にのっとって物事を考え、分析しながら、自分が正しいと思う道をひたすら進むことで思いは具現化する。時にのたうち回り、外部からの批判、誹謗中傷を受けたとしても、懸命に生きることが大事。

また、ジョセフ・マーフィー（アイルランド出身の米国の宗教家・著述家、1898-1981）の考えにも共鳴した。潜在意識を活用することで、自分の回りの人たちをも動かし、成功や幸福に導くことができる——社内の人材教育・育成を図るうえで大いに参考にしている。

志を立て懸命に生きてこそ

自分が正しいと思って、経営上の決断を下し、新しい方向へ歩き出そうとする時、往々にして、既存のやり方に固執し、旧来思考から抜け出せない人たちもいる。

木村の場合、ツーバイフォーを止めて、『接合金物工法』に切り替えた時、そういう局面に直面した。

「自分の判断が常に正しいとは限らない。また、自分の考えに組織の全員が賛成、あるいは同意するとも限らない。物事の原理原則に従って、また、生成発展の原理にのっとって生きていく」と木村が言うのも、自分や会社の損得という基準ではなく、真理や正しさに基づいて判断するための全体感ないしは平衡感覚は崩さずに持っていこうということであろう。

そうした経営者としての生き方をしていく中で、心の支えにしているものが『論語』や『孟子』に関する書物、中国五経の1つである『易経』、『南洲翁遺訓』など西郷隆盛に関する本、佐藤一斎の『言志四録《げんししろく》』、哲学者・森信三の『修身教授録』といった書物である。

天地自然の理《ことわり》を示す『易経』は30代、40代のときによく読み、今も読み続けている。物事の原理原則に従うという木村の経営姿勢に大きな影響を与えている。

江戸末期、日本全体が流動化、漂流し始め、混沌とした状況下、明治維新をやってのけた西郷隆盛の『敬天愛人』の思想。私心がなく、公（社会）に尽くすという生き方。そこで大事になるのが『志』である。

哲学者・森信三は『人生二度はなし』の言葉に代表されるように、一日一日を懸命に、真摯に生きていくことの大切さを説いた。

佐藤一斎の『言志四録』にしても、森信三の教育にしても、立志、つまり志を持って生きることが大事だと説いている。

「今は、世の中全体が前向き精神をなくし、人口減・少子化・高齢化といった流れも加わって、日本全体に元気、活力が失われつつある。これは、日本全体が形而上学を疎かにしてきたからだと思いますね。私は様々な本を読んで『志』を立てなければならないと気が付きました。そして木造都市をつくるという『志』を立て、実行しています」

志を立てる――。木造都市づくりへ向け、挑戦は続く。

第3章

三世代、100年に亘って住める住宅づくりを

自分の使命とは何か――。「それは木造都市をつくること。それによって世の中を変えたい」と、木村は自らの使命と役割はそこにあると語る。住宅のあり方を変えたいというのも創業以来の木村の考え。住宅の多くが建築後30年位で解体され、次の世代もまた住宅ローンの負担に泣くという風潮を止める。少なくとも三世代に亘って住める住宅づくりを目指したいという。また、日本は国土の3分の2を森林が占めるといわれながら、それを有効活用してこなかったが、国産材の活用をどう進めていくか。

「三世代が住める100年住宅を」

「わたしは米国留学から帰国した後、耐久性がある100年住宅をつくりたいという思いを抱いて、木造住宅づくりを進めてきました」と、木村は創業時の思いを語る。

日本では、マイホームを建てたら、その住宅は一世代で終わり。一世代を約30年として、30年で用済みになる住宅のあり方はおかしいのではないか。

住宅は固定資産であり、大切な財産である。もっと住宅の付加価値を高めなくてはという考えで、木村は木造住宅づくりを推し進めてきた。

「誰かが苦労して建てた家なのだから、少なくとも二代に亘って住める。いや、三代に亘って100年間は住めるような家にしていかないと」

三代、100年に亘って住めるようにすれば、子どもや孫の代は住宅ローンを組まずに生活していける。そうすると、ゆとりある生活が送れるのではないかという考えである。

シェルターの経営理念に、『クオリティ・オブ・ライフ（質の高い生活）』を掲げているのも、そうした考えに基づいている。

東日本大震災時に実証された木造の強さ

木造建築の強さということでいえば、シェルターが開発したKES構法による木造建築が阪神・淡路大震災（1995）で示されたし、それはまた、東日本大震災（2011）でも証明された。

東日本大震災で津波などの被害を受けた宮城県南三陸町の歌津地区。リアス式海岸の南部に位置する同町には震災後、天皇陛下（現在の上皇陛下）が被災者を見舞われ、黙祷を捧げ

東日本大震災による津波でも流されずに残った歌津公民館
（宮城県南三陸町、上は震災前の様子）

られた。

この地域の家屋の大半は昔ながらの木造建築。そこに高さ15㍍もの津波が押し寄せ、ほとんどの建物が跡形もなく流されてしまった。そういう状況下にあって、流されずに残ったのがＫＥＳ構法による歌津公民館であった（前頁の写真参照）。

南三陸町歌津地区は沿岸部。その沿岸部で、ＫＥＳ構法による木造建築が巨大地震と大津波を耐え抜いたわけだが、内陸部の栗原市でもその頑丈さが立証された。

宮城県と岩手県の県境に位置する栗原市は地層的に地震の多い場所。同市の栗駒総合支所は度重なる地震の被害を受けて、コンクリート造りの庁舎が使用できなくなり、２００５年にＫＥＳ構法の木造庁舎に建て替えていた。

栗駒総合支所をつくるに当たっては、地元・宮城県産の杉や唐松が使われた。そして、やや専門めくが、柱と梁は独自のスチールコネクターで組み合わせる〝ラーメン構造〟を採用。これによって広い空間を確保した木造庁舎である。

この支所は、２００８年の岩手・宮城内陸地震の際も無傷だった。その後の東日本大震災でも、現地災害対策本部として機能し、自衛隊の活動拠点としても使われた。

こうしたことの積み重ねで、ＫＥＳ構法による木造建築の構造の頑丈さが広く認識されるようになってきた。そのことは建築基準法などの法律改正にまで及んでいった。

脱炭素社会を目指して木材利用推進へ

木材利用に関する法改正でいえば、2021年（令和3年）の『公共建築物等木材利用促進法』の改正が挙げられる。

これは脱炭素社会の実現に貢献するという位置付けと、木材利用の促進の対象を公共建築物から一般建築物に拡大する事を目的とした法改正である。

改正に伴い、法律の名称は『脱炭素社会の実現に資する等のための建築物等における木材の利用の促進に関する法律』となり、2021年10月1日に施行された。

この法律は、木材利用の意義と基本理念を新しく明確にし、脱炭素社会づくりに木造建築が貢献するという認識の下、木材利用を促進させていく基本方針を示したことから、通称『都市の木造化推進法』と呼ばれている。

改めて言うと、日本の森林資源は全国土の3分の2を占める。それなのに、それらの森林資源は有効に活用されずに来ている。

国内の森林資源の面積は約2500万㌶。木村によれば、「約55億立方㍍もの森林蓄積がある」ということ。そして、「木造建築こそが地方創生と日本の経済再生につながる」という木村の主張である。

事実、木材資源の循環利用システムづくりを国民運動にまで高めようという空気が醸成されつつある。

CO2排出の削減に向けて

脱炭素社会、GX（グリーントランスフォーメーション）といった言葉が日常茶飯事に使われるようになった。

これまでの人類の産業活動、それは製造・運輸・物流、そして一般家庭の消費活動などでCO2（二酸化炭素）の排出が増え、ゴミも大量に排出され、環境が地球規模で劣化し、悪化してきたからである。

国際的な枠組みである『パリ協定』は2016年に発効。それは世界の平均気温上昇を産業革命以前と比べて2度Cより十分低く保ち、1・5度Cに抑える努力をしていこうという内容。

そして、日本は「2050年までに温室効果ガスの排出を実質ゼロにする」という目標を掲げる。

手をこまねいていては、この〝野心的な目標〟は実現出来ない。かなりの努力を要する。ここは文字どおり、産・官・学連携で課題を解決していかなくてはならない。

こうした世界的な取り決めの中で、日本のCO2削減目標がつくられた。

脱炭素化に向かう社会において、木造建築が果たすべき役割もまた大きい。

「木材は燃やせばCO2が出ますが、生育過程では光合成でCO2を吸収し、酸素をつくり出します。木のライフサイクル全体では自然環境上、大いにプラスです」と木村。

そして、創業して50年、「正しいと思う事をやり抜く、諦めずにね」と、木村は自分に言い聞かせるように語る。

「大変なことがある度、神様から『志を達成するには、お前はまだ忍耐力が足りないぞ』と試練を与えてられて試されていると思っています。困難な目標も、仲間とともに諦めずにやり抜きたい」

人材育成にも熱心な木村に、伸びている人は？　と質問すると、「やはり逃げない人。最後まで諦めない人ですね」という言葉が返ってくる。人に支えられた50年だ。

「日本の木造技術を学びたい」と言われて…

「日本の木造建築の技術革新は素晴らしい。われわれも日本から学ぶべきものがある」——。

木造建築の〝先進国〟の1つであるスイスの関係者が一昨年（2022年）、木村の前でこう発言。シェルターを設立して50年、木造建築一筋に生きてきた木村にとって、この発言には一瞬、胸が詰まるものがあった。

日本は全国土の7割を森林が占める〝森林の国〟。もともと木造の住宅に住み、机や椅子など木工の日用品など、われわれは木のお世話になってきた。日本で木が人々の生活の中に溶け込んでいること自体は、昔も今も変わらない。

しかし、日本はツーバイフォー工法のように、同じ森林国のカナダから木造住宅づくりを取り入れてきた。

海外に学ぶ——。明治以来の近代化の中で、日本は西欧の技術、考え方を数多く取り入れてきたが、木造建築の分野でもそういう傾向があった。

木村は、各国の木造建築の経営者をはじめ、木造建築学会の関係者とも交流があり、自ら各国へ飛び、直接対話を重ねてきた。

コロナ禍の2022年8月、スイスを訪ねて、木造の高層ビル建設について、意見交換していた時のことである。

「欧州の建築基準法づくりに関わる専門家や高さ100㍍の木造ビルをつくる建築会社のトップなどと意見交換をしてきたんです。欧州は高層ビルでも耐火ではなく、燃え代設計（火災の際、柱や梁が構造上必要な寸法を保っているうちに避難するという考え方）を使っていました」

日本国内でも、木造の高層ビル建設が進んでいる。そして、木村は万が一、火災が起きたとして、2時間ないし3時間は耐えられる〝2時間耐火〟〝3時間耐火〟の木造ビルの技術を日本は確立していると話した。

その時、欧州側の関係者は「実は耐火の問題に悩んでいるんだ」と打ち明けた。

「安全性を考えるなら耐火建築にしなければダメだ」と、木村はすかさず言い「一番重要なのは命だろう」と対話を重ねていった。

「分かった。一度、日本の木造ビル、木造建築の実情を見てみたい」と、関係者たちが近く日本を訪ねることになったのである。

「建築基準法関係の専門家や木造高層ビル建設を予定している人たち2人で来日し、山形のシェルター本社も訪ねました」と木村。

戦後の日本は住宅需要の高まりから、例えば、ツーバイフォー工法のように海外から導入して約50年が経つ技術もある。

この欧州の関係者の対談をセットしてくれたのはスイスの友人。木村は40年来の親交があり、次のように語る。

「その友人も正直、日本の木造建築に対して、今までは見くびっていた。まだまだだろうと思っていた。『木村も昔はヨーロッパを訪ねてきたじゃないか』と言われました」

確かに1980年代半ば、木村は日本木材学会会長を務めた杉山英男東京大学元教授（故人）らとスイスを含む、欧米を視察してきていた。7～8年前にも、関係者と欧州の木造建築事情を視察している。

欧米から学ぶという色彩が強かったのが、ここへ来て、日本で生まれ育った木造建築の技術、それも耐火・耐震技術を含めて、世界が日本から学ぼうという風に潮流が変わってきたということ。

「欧米の友人たちから、日本はわれわれよりずっといいものをつくっていると言われた時、涙が出るくらい嬉しかったですね」と語る木村。

木造都市をつくるというビジョンに向けて、努力はこれからも続く。

第4章

海外が日本の木造技術を学ぶ時代に――。日本は先頭に立つ勇気を！

木造建築の可能性を追求し続ける――。創業（1974年）から50年、木村は一つひとつ、その可能性を現実のものにしてきた。柱と梁《はり》などの接合部分に金物を用いて強度を高める『KES（ケス）構法』の開発や3時間の耐火性能を持つ木質耐火部材『COOL WOOD（クールウッド）』の開発がそうだ。木造の高層ビル建設を含めて、木造建築の可能性、潜在力をさらに掘り起こしていけば、日本全体の活性化につながる。日本の国土の7割を占める森林の活用にもつながる木造都市づくりである。

50年前、パリでの友人との邂逅で…

創業（1974年＝昭和49年）前、木村は欧州を回って、各都市の成り立ちやそこに住む人たちの息づかいを五感でとらえようと考えていた。

オランダ、イギリス、フランス、スイス、イタリアと、欧州の主要国を3か月ほどかけて回った。そして、フランスの首都パリで不思議な体験をする。

「早朝、シャンゼリゼ通りを凱旋門に向かって歩いていました。しばらくして、凱旋門を背にして、こっちの方に向かって歩いてくる人がいましてね。頭が黒いから東洋人だなと思っていたら、相手が『カズ！』と呼んだんです。それはアメリカで知り合った日本人工業デザイナーのケンだった」

木村は名前が『一義』だから、アメリカ留学中は『カズ』と呼ばれていた。

「カズ、何で君がここにいるんだ」とケンが走り寄ってきて尋ねた。

木村はアメリカから日本へ帰国する途中で、欧州を回り、主要都市の建築物をこの目で見たいと旅しているところだと答えた。

ケンはパリで開かれる工業製品の展示会を見学しに行くとのことで、二人はそこから地下鉄に乗って展示場に向かった。

会場で、木村はある建築に目が釘付けになった。印象深く、金色に輝いているように感じられたという。

木村は建物の重要な部分に目をやり、「やはりフランスでもそうなのか」と思った。木造建築の要といわれる柱と梁などの接合部分。その接合部分に金物を使っていたのである。

在来の木造軸組工法では、二つの部材を組み合わせるために、〝ほぞ(枘)〟と〝ほぞ穴〟

をつくる。〝ほぞ〟を〝ほぞ穴〟にピタリとはめていく、まさに職人技であった。

このやり方については、第一章で述べているので重複は避けるが、要は木造建築の弱点でもあった接合部分をいかに強くするかに木村は創業前から腐心していた。パリの展示会での出来事は、日本初の接合金物工法『ＫＥＳ構法』の開発に繋がっていく。

接合部分を表に出さない！

ただ、パリで見た建築の金物の使い方とＫＥＳ構法は違う。

「パリで見た建物は柱が鉄骨で、これは日本では受け入れられないと。和風建築は柱の見える真壁で、ことに数寄屋建築ならば、金物は表に出せない。柱は全部木で、そして接合金物が表に出てこない方法を考える必要がある。それを考えて、考えて、そして日本に帰って会社をつくるとなった時に申請をして特許を取得した。それがわたしの事業の始まりです」

部材を金物で接合するところは同じだが、接合部分を表に出すか、それともその部分を木材で蔽《おお》うかどうかは、その国の美的感覚の違いになってくる。

しかし、接合部分に金物を使って建物の強度を高める――という考え方は同じ。

木造建築の普及を図る上で、接合金物工法は世界共通の認識になるということ。同時に、この工法を取り入れることは、「当社の発展の元になる」と木村も確信できた。

繰り返すが、日本の接合金物工法の使い方は、欧州とは違う。欧州のように、接合部分を表に出すのではなく、「接合部分を中に入れるコンシールドというやり方」を木村は考えついた。

その考え方は、世界に通用すると同時に、日本古来の和風建築の〝美〟を守ることにもつながる。そう考えた時の木村の行動は早かった。

創業（1974年）当時の本社

1974年に創業し、米国、カナダ、そして、日本で接合金物に関しての特許を取得したという経緯である。

『都市の木造化推進議員連盟』設立の意義

創業から50年近く抱いてきた、『木造都市を全国につくる！』という木村の思いは今、大きなうねりとして動き出し始めた。

そのうねりの1つが『森林《もり》を活かす都市《まち》の木造化推進議員連盟』の設立（2019年＝平成31年4月）だ。

これは平成30年に開催された議員の会合で、木村が、森林を活用する川下の立場から木造都市の重要性を力説したことがきっかけとなっており、地方選出、都会選出にかかわらず、幅広い国会議員が116人も参加している。

都市の木造化を図る、木造都市をつくる——。

これは木村が若い頃から考えてきたことだった。

日本は樹木におおわれ、水も豊富。豊かな水資源が樹木を育て、その樹木が人や動物を含む生き物を育て、それらがやがて土に還るという循環型の生態系の中で日本の文化は培われてきた。

こうした日本の循環型社会は世界に誇るべきもので、『都市《まち》の木造化』は当然進められるべきテーマであった。しかるに、戦後日本では、それが阻害されるというか、実行されないままで来たという現実である。

『都市の木造化推進議員連盟』と軌を一にして、業界団体が集合する『森林を活かす都市の木造化推進協議会』が２０１９年（令和元年）５月に設立されたのだが、その設立趣意書の冒頭に書かれた文章がその現実を如実に語る。

「戦後、戦禍により焦土と化した街と戦中・戦後の乱伐等により荒廃した森林の復興が国家的な命題となっていた我が国においては、１９５０年の衆議院『都市建築物の不燃化の促進に関する決議』以来、木材利用の抑制と都市の不燃化を目指して、都市建築物の非木造化に向けた施策が国を挙げて進められてきた」

趣意書はまず、こう記し、その後の経過と現状に触れる。

「以来60年余が経過し、日本の緑は見事に回復し、戦後造成された森林資源は今まさに利用期を迎えており、森林を保全し活力を維持していくため、木材利用の抑制ではなく計画的な活用が求められる状況となっている。

そのような中、2010年には『公共建築物等における木材利用促進に関する法律』が成立し、これまでの流れが大きく変わり始めた。法を契機に、耐火建築部材等の技術革新や建築基準法の改正による木造建築への規制緩和等により中高層建築物等における木材利用の可能性が大きく広がり、注目され始めてきている。」

確かに、都市部では関東大震災（1923年＝大正12年9月1日に発生）が起き、ビルは崩壊し、木造家屋はことに隅田川沿いの墨東地区で焼失し、10数万人の人的被害も受けた。

こうした体験も踏まえて、都市部での木材利用は抑制されてきたということである。

しかし、先述してきたように、耐震・耐火の研究も進んでいる。

木村はもし火災に遭ったとしても、3時間は耐える『COOL WOOD（クールウッド）』を開発。木材の進化にも著しいものがある。

今こそ日本にある森林活用を！

状況は変わってきたものの、人々の認識が完全にそうなのかというと、そうではない。先

の趣意書が言うには、

「都市において深く根付いてきた木材は使えないというこれまでの常識を覆し、流れを大きく変えるまでには至っていない。こうした現状を変え、国民的課題に対応して行くためには、国を挙げた木造・木質化への体制を構築することが喫緊の課題となっている。」

最後に、趣意書がうたう。

「ついては、日本の森林を活かし、地球温暖化防止、地方創生、国土強靭化等の国家的な課題へ貢献する観点に立って、都市の木造・木質化への実現に向けて、『森林を活かす都市の木造化推進協議会』を設立し、広く関係者に参加を呼びかけるものとする。」

この協議会の会長には現在、島田泰助・日本林業協会会長、副会長に木村一義（日本木造耐火建築協会会長）と高澤利康・日本政策投資銀行常務執行役員の2人が就いているが、提唱者である木村は当初から副会長として活躍している。

創業以来50年、木村は木造建築の普及に渾身の力を込めて取り組んできただけに、「協議会の仕事も精一杯やっていきたい」と言う。

日本政府は2020年10月、菅義偉政権時に『2050年カーボンニュートラル』を宣言。2050年までに地球温暖化ガスの排出を全体としてゼロにする――という画期的なもの。

木村はコトある度に、「日本は木の文化の国。そして森林が国土の7割を占め、森林の量は55億立方メートルもある」と訴える。

森林資源の循環利用を進め、人工林の需要を拡大していくことで、『２０５０年カーボンニュートラル』の目標実現に向かっていこうという気運が高まってきた。

これらの活動の結果、２０２１年（令和3年）6月には、公共建築物等木材利用促進法が改正され、『脱炭素社会の実現に資する等のための建築物等における木材の利用の促進に関する法律』（通称『都市の木造化推進法』）が成立。同法は同年10月1日に施行された。

同法に基づき、政府内に農林水産大臣を本部長とする『木材利用促進本部』が設置された。本部員には総務大臣、文部科学大臣、経済産業大臣、国土交通大臣、そして環境大臣の5大臣が就任という顔ぶれである。

木材利用が経済全般に絡む、つまり、農林分野から建設、教育、環境と全ての分野に関係してくるだけに、これだけ多くの省庁が参加しての『木材利用促進本部』の設置である。

日本独自の木造技術を

日本独自の技術で木造建築の普及を図る――。木村の創業以来の強い思いである。それまで、ツーバイフォー工法にしろ、海外の技術で海外産の木材を使って日本の住宅をつくることに〝わだかまり〟を感じていた。だからこそ、接合金物工法『KES構法』を使った住宅を1987年（昭和62年）に商品化してからは、ツーバイフォー工法を打ち切り『KES構法』一本やりでやってきた。

その決断には、いろいろな苦渋がつきまとった。ツーバイフォー工法での住宅づくりはそれなりに手応えがあり、一定の需要もあった。それだけに、打ち切りの決断時に、会社を去っていく者もいた。それまで一緒に仕事をしてきた者が去ることには一種、寂しさも付きまとう。

しかし、自分たちの技術で木造建築の次のステージを創り出すには、「前へ進まなければならない」という思いが木村には強くあった。

創業から50年、この間、日本の木造建築づくりは着実に進化してきた。木村も新しいうねりに手応えを感じ取っている。

「日本は世界の先頭に立つという勇気を」――。
木村の決意である。

第5章

山形・寒河江の精神風土、そして米カーネギーメロン大での出会い

「自分に与えられたミッション（使命）は木造都市をつくること」と語る木村。２０２４年には創業して50周年を迎える。24歳で創業して50年間、いろいろな〝壁〟にぶつかってきた。それにひるまず、前へ前へと進んでこられたのは、「自分のミッションを果たしたい」という思いがあったからだ。夢の実現へ向けて、50年間踏ん張ってこられた原動力はどこから生まれるのか？　山形から世界へ向かって情報発信し続ける起業家魂は故郷・山形の風土と文化、そして米国留学で得られた〝人と人のつながり〟の中で育てられた。

創業以来の50年間。熱き志を持ち続けて

「志と使命を大事にする」――。

木村は社員に向かって、このことを説き続ける。

木造建築の可能性を追求し続けて50年。タイトルにある『木造都市を全国につくる！』という木村の志は各領域で理解され、共鳴者も増えてきた。

しかし、木造都市づくりにはまだ、壁がある。その壁を1つずつ乗り越えてきたシェル

ターの歴史。その歴史には、「木は人の心を癒す」という木村の思いが刻まれている。

木造マンションに入居した人たちが、「住み心地がいい」という感想を寄せてくれる。そうした時は、木造建築一筋に生きてきた木村たちにとって、大いに励みになるという。

木造都市づくりをさらに推し進め、「世の中を変えたい。それがわたしの使命だと思っています」と木村も思いを新たにする。

日本の木造建築や耐火部材の開発、さらには木造高層ビル建築に対して、欧米各国も評価し始めた。

旧来のツーバイフォー建築にしても、カナダなど海外から学んだもの。明治期の殖産興業は、欧米に追い付け追い越せで、『欧米に学ぶ』という流れだったが、戦後の木造建築も多分にその延長線上にあった。

それが、欧米の関係者から、「日本にはわれわれよりすごいものがある。われわれも日本から学ばなければならない」という感想が寄せられるように変わってきた。

日本はもともと、優れた木造建築の技術を有してきた。匠《たくみ》の技術も磨かれてきた。例えば、世界最古の木造建築といわれる法隆寺（奈良）である。

飛鳥時代の６０７年、聖徳太子が建てたとされ、木造建築の金堂、五重塔をはじめ、建築では19棟の国宝、50以上の重要文化財があり、まさに国の宝。寺域は、世界文化遺産に指定され（1993年）、世界の人たちから関心が向けられる。

ひるがえって、法隆寺建立から1400年余。脱炭素化やSDGs（持続可能な開発を実現するための諸目標）の実践を目指すという世界的な潮流の中で、日本の木造建築技術が欧米諸国からも注目され始めている。

自分たちの目標に向かって、木村の挑戦はまだまだ続く。

木村は、50年の起業家としての人生を振り返って、「正しいことをやる。原理原則にのっとって仕事をしていく。このことに尽きます」と語り、次のように続ける。

「謙虚に、感謝の気持ちを持って努力する。諦めたら終わりですから、諦めずに踏ん張っていく。そうすると、幸運の女神は微笑んでくれると思っています」

「謙虚に、感謝の気持ちを持って」ということを、木村はことあるごとに語る。それは木村の経営者人生に染み着いたものである。

カーネギーメロン大でのインド人学生との出会い

親への感謝――。何より木村にとって大きいのは、木村の米国留学という挑戦を支えてくれた父・栄の存在である。

木村は山形県立寒河江工業高校から、建築学を学ぼうと足利工業大学に進む。大学時代は奔放に過ごすが、自分の生きる道をどこに求めるかと真剣に考え、米国留学を決断する。米国での生活は後述するが、転機になったのは1972年。米カーネギーメロン大学に進み、世界から集まる学友たちの開拓マインドに触発された。

カーネギーメロン大は米国の有名校。そこのドミトリー（寮）で、木村はインド系の友人と相部屋になる。

「カーネギーメロンには欧州や中国から世界中の若者が集まってくる。わたしのルームメイトがインド人だったんですが、彼の両親は神戸に住んでいて、貿易商をやって、すごく豊かだったんです。彼自身はアメリカンスクールを出て、州立イリノイ工科大学を卒業して、カーネギーメロンに来た。それで話も起業の話やビジネスの事ばかりなんですね。わたし自身、大いに触発されました」

こうした体験をし、木村はこの後、欧州各国を回り、帰国の途に就く。そして1974年（昭和49年）に、24歳でシェルターを起業し、建築業を始めたという経緯。

起業家の道を歩くきっかけというのも、原点は米国留学である。その時、渡航費や当面の生活資金として父は当時の金で50万円を渡してくれた。もちろん、それだけでは米国の大学に通うのは無理で、米国滞在中はレストラン、清掃業務などのアルバイトで学費を稼ぎ出した。

学生時代の木村さん。米国留学という挑戦を支えてくれた父への感謝は今も忘れていない

しかし、父親が米国へ渡ることを後押ししてくれたことが、自分の今の人生の方向性を決定付けてくれたとして、木村は父親への感謝の気持ちを抱き続けている。

サクランボの産地・寒河江に生まれて

木村は1949年（昭和24年）9月29日、山形県寒河江《さがえ》市で生まれた。山形県のほぼ中央にある寒河江は人口4万人の市。北東の方向で隣り合う東根市と並んで県内随一のサクランボの産地として有名。

山形県は、〝母なる川〟の最上川が南から北に流れ、北部の最上地区でその方向を西に向け、酒田市で日本海に注ぐ。江戸期の俳人、松尾芭蕉が紀行文『奥の細道』を著わし、『五月雨《さみだれ》を集めて早し最上川』と詠んだことでも知られる。最上川は富士川、球磨川と並んで日本三大急流の一つとされる。

山形県は大きく分けて、4つの地域に分けられる。南部の米沢市を中核とした置賜《おきたま》地区、そこから北に、山形市を中核に天童、東根、村山市などがある村山地区。その北に最上地区が位置し、最上地区の西隣りが酒田、鶴岡両市を中核にした庄内地区という構成。

寒河江市は西村山郡の中核として歴史を持つ。寒河江は、福島県との境にある吾妻連峰を発した最上川が山形盆地に注ぐ出口にあたる。西部の朝日連峰から流れ出す寒河江川が市の東で合流。寒河江川と最上川が形成する扇状地に市街地があり、東側は天童、村山市などと接する。

この扇状地は水はけがいいので、サクランボやリンゴなどの果樹の栽培には打ってつけということ。しかし逆にいえば、水田には不都合ということで、明治期以来、西洋の果樹などを取り入れ、独自の果樹開発に注力してきたという歴史がある。

今では山形の名物として高値で取引されるサクランボ『佐藤錦』。この『佐藤錦』も同じ村山地区の東根の篤農家・佐藤栄助翁が大正期に原木を育成したもので、先人たちの苦労があって、今日の果樹王国ができたということである。

木村の父・栄は大工の棟梁《とうりょう》であった。弟子数人を抱え、近郷の住宅、建物づくりに精を出していたが、同時に農業も営んでいた。木村が幼少期を語る。

「わたしが小さい頃もサクランボの値段は高かった。竹で編んだ、われわれは方言で〝はけご〟と言ったんですが、その入れ物にいっぱい収穫するんです」

収穫したサクランボはすぐに売れた。

「もう皆が品物を欲しくて、仲買人が、農家の人たちが山から下りてくるのを待ち構えていて、『それを売ってくれ、売ってくれ』と話し掛ける光景が見られたものです」

農産物は市況品。豊作の時とそうでない時のモノの需給関係によっても、高値になったり、値崩れしたりして、価格は揺れ動く。その点、サクランボは「唯一、値崩れしない農作物と重宝がられた」と木村は語る。

何事も志があってこそ…

山形といえばサクランボ、『佐藤錦』の本場というブランドが定着しているわけだが、そうなるまでには先述のように、先人たちの苦労があった。

『佐藤錦』は佐藤栄助翁とその翁を支え続けた岡田東作翁の連携があって、開発された品種。年下の岡田翁は、佐藤翁が品種開発に没頭し、交配に苦心惨憺するのを陰でずっと支えたといわれる。

何事も志があっての事業開拓――。果肉が固くて酸味のある『ナポレオン』と、甘みはあるものの保存が難しい『黄玉《きだま》』との交配から新品種づくりが始められたそうだが、1922年（大正11年）に初めて結実をみる。佐藤翁はさらに選別を進め、遂に2年後の1924年（大正13年）に優れた原木の育成に成功した。

この時、品種名について、『出羽錦』だとか、いろいろ話し合われたようだが、岡田翁は佐藤翁の開発努力に敬意を表し、「佐藤錦にしたらどうですか」と提案。砂糖のように甘い——という連想も呼ぶということで、この『佐藤錦』の評判は一気に広がり、今日の隆盛を見ている。

名峰・月山の麓で培った開拓精神

冬は雪が降り厳しい寒さとなる自然環境の中をしっかり生き抜くという精神風土が形成されてきた。

木村の目で見た郷土の風土とは——。

「寒河江は、月山《がっさん》の麓にある街です。月山の東側になり、山形市から見れば、北西部に当たります」

月山。昔から、修験道の山として知られ、信仰の対象として崇められてきた。

「紅花商人がいて、上方文化にも通じて京都に邸宅を構える者もいたと聞いています」

江戸期は染料として使われる紅花の栽培も盛んであった最上川流域。紅花を笹船に乗せて、河口の酒田まで運ぶ最上川の舟運もまた盛んだった。日本海に臨む酒田からは北前船で越前まで運ぶ。次に、そこから琵琶湖周辺を通る街道を通って京都まで紅花を送るルートで交易が盛んだった。

京都とのつながり、交易を営むという風土もあったが、そうは言っても、地域全体としては、長い時代寒村であった。

「江戸時代、明治、大正と寒村であったし、その中で人々は何くそと頑張った。ハングリー精神を発揮していたと思うんです。NHKの大ヒットドラマ『おしん』の主人公の生まれが、この辺りの寒村という設定なんですね。有名な親子の別れのシーンは近くの最上川で撮影されました。何度も試練に見舞われながらも、逆境に負けない精神風土があったのではないでしょうか」

木村はこう語り、「地元には、『谷地男に寒河江女』という言葉が残っているんです」と紹介する。

谷地という地名の町があり、ここは多くの紅花商人を輩出。

商才に長けて財力のある〝谷地男〟と、美しくて気が利く〝寒河江女〟との組み合わせを指す言葉のようだが、そうした喩えも産み出しながら、地域は時を紡いできたのであろう。

ともあれ、冬は雪に耐えながら、初夏には一斉に花を咲かせる月山周辺の湿原のように、前向きに生きるＤＮＡ（遺伝子）を地域の人たちは伝えてきているのかもしれない。

第6章
小学生時代——
起業家としての資質はどう形成されたのか？

1949年（昭和24年）生まれの木村は、若い時に「何でも見てやろう、自分の知らない世界に飛び込もう」と欧米各国を回った。そして友人、知己をつくり、それが木造建築づくりの〝友の輪〟になっている。そうした前向きの気質はどう育まれたのか？　木村によると、人生に迷った時は、「厳しい道を行け」と事あるごとに母親に言われたと回顧。そしてもう1つ、小学生の頃に先生から受けた出来事で、何くそと踏ん張る原体験があった。もともと負けず嫌いの性分に火が点いて……。

母親の教えに…

「迷った時は厳しい道を行きなさい」――。

木村は母親から事あるごとにこう言われたという。

人生には、いろいろなことが起きる。難しい局面に立たされることもある。そんな時は、難題から逃げ出すのか、それとも踏ん張って生き抜くのかで、人生は変わって来る。

母親は、働きづめの一生であったが、何一つ愚痴をこぼさず、木村と弟、二人の子どもの世話も含めて、一生懸命に生きた人生だった。

木村の父親は建築の棟梁をやり、弟子数人を抱えていた。母親は弟子たちの賄いまで世話をし、父親の仕事を補佐し続けてきた。

そうした母親の姿を見ながら木村は幼少期を過ごした。

人格は3歳までに決まる――という言い伝えがある。

何歳までに人格が決まるかは、その人それぞれの境遇で違うと思うが、幼少期に決定づけられるのは間違いないであろう。

それに、周りの環境にも影響を受ける。木村が育った山形・寒河江は、山形の〝母なる川〟である最上川と寒河江川が流れる台地。扇状地でサクランボやリンゴなどの果樹栽培が盛んな所である。近くの小川では、魚捕りもよくやった。

「大きな川ではないんですが、フナやコイ、それにナマズなどがいて、よく捕りました」

という木村の思い出。

『兎追いし、かの山。小鮒釣りし、かの川……』あの唱歌『故郷《ふるさと》』の情景が浮かぶ寒河江の自然環境である。

山形県寒河江市は、山形の“母なる川”である最上川と寒河江川が流れ、名峰・月山がそびえたつ自然豊かな場所だ

大自然の中で育った幼少期

木村は「子供の時に、大自然の中で育つというのは、感性が豊かになります。わたしも都会ではなく、そういうところで生まれ育って良かったなと思います」と語る。

小学校入学は１９５６年（昭和31年）。家からは2キロちょっとの場所で、徒歩30分ほどで通えた。

「家に帰れば、ランドセルを投げて、川を見に行く。川の水位が低ければナマズ、小魚を捕る。あとは山に行って、ウサギやリスを追ったりして」

自然の懐に飛び込んでの遊びである。

山々が紅葉する秋のシーズンになると、栗取りをする。

「自然の栗。芝栗だけど、焼いてもいいし、煮てもいい。剥いて食うのは手間がかかるけど、あれはうまい」

まさに、自然と共に育つということ。秋の味覚、アケビはあったのか？

「アケビもありました。山形では、アケビは実だけでなく、皮も食べます。唐揚げにしたり、フライパンに油を引いてソテーにしたり。あとは皮の中にシソの実とか、挽き肉とか、そういったものを詰めて、フライパンで焼く。そうやってアケビを食べると、ビールのつまみに最高ですよ」

アケビの調理方法も実に具体的である。

アケビの中の果実は甘いが、これはどうするのか？

「それは捨てる。甘いけど山形の人は食べない。わたしは子供の頃、甘いから果実も味わったけど、みんな食べずに捨てていました。皮を食べるんです」

アケビの皮は渋みがあり、酒のつまみとして、大人には人気があるが、子供は苦手ということになろうか。それはともかく、秋には柿も熟すし、自然の恵みを楽しむ季節である。

また、柿の木も山に自生しており、秋には仲間と柿を獲りに行った。

「山形市の南にある上山《かみのやま》辺りは名産地でね。皮をむいて、ヒモに通して、柿を吊るすわけですよ。時間が経つと、中の糖分が出てきてね。表面が白子といって真っ白になる。あれがうまいんです。手間隙がかかるから値も高いんですよ」

木村も山形名産の話になると、楽しそうで、実に饒舌。

「昔はね、釜にぬるいお湯を張って、一晩漬けたんです。ぬるいお湯でも渋が抜けるんです」

同じ渋抜きでも、その土地その土地の風土に根ざす独自のやり方がある。このように、人々はその土地の産物を工夫しながら、自分たちの生活に取り込んできたのだ。

ともあれ、木村は大自然に囲まれた山形・寒河江の中で育った。本人は「幼少期の体験が自分の生き方の根本を形づくっていると思います」と語る。

臨海学校の時に先生から殴られて…

木村は小学6年生の時に体験したことが今でも強く記憶に残っている。

木村が通った小学校は1クラス50人余で計4クラスあった。団塊の世代（1947年から

1949年の3年間に生まれた世代）だから、クラスの人数も多かった。

ある夏、キャンプで日本海沿いの庄内の方へ学校全体で出かけることになった。内陸部の寒河江から海のある庄内へ出かけるのだから、クラスメイトも嬉しくて、はしゃいでいる。

担任の先生からすれば、子供を預かるのだから、万が一、事故が起きてはいけないと、万事に気を付けて、神経を尖らせていた。

「庄内で臨海学校を開くに当たって、先生がいろいろと注意をするわけです。これをやったらいけない、あれをやったら危ないよというように、ガリ版にして皆に配るわけですね」

そのガリ版刷りを見て、木村は「全部、これが守れるかな」と思っていた。

すると、先生が「みんな守ってくれるかな。守ろうと思う人、手を挙げて」と言う。

一斉に、クラスメイトは手を挙げた。挙げないのは、木村1人だけであった。

「木村君、君はどうして挙げないんだ」と先生が聞く。

「先生の言っていることは、よく分かるし、それは自分も守りたいと思います。だけど、もし守れなくなったら、自分は嘘をついたことになるから挙げなかったんです」と、木村は返事をした。

「お前、ちょっと来い」と先生は木村を呼びつけ、往復ビンタを喰らわした。

「皆の前で、先生にバンバンとやられて。今も同窓会になると、その時の話が出てきて、『カズちゃん、先生に殴られて、泣かされたよね』と言われるんですよ」

木村としては、自分の気持ちを正直に話したら、激高した先生に殴られてしまった。腑に落ちないので、悔しくて涙が出てきたというのが正直なところであった。

この時、木村の心にメラメラと燃え上がるものがあった。

「よし、先生、今に見ていろ。自分は会社の社長になって見返してやる」

子供心に、これから自分は頑張って、世の中から注目される人物になるぞ、と木村は心に誓った。

体操は上手だったがある選考会で外れる

木村は幼少期から、しっかりした体躯で、運動面でも力を発揮。「体操はうまかったですよ」と語る。

小学5年の時、学校が新しい体操を教えるということになり、最初に新体操を教授される20人が選抜されることになった。

選抜された20人が新しい体操を覚えて、児童全員に浸透させていくという学校側の教育方法であった。子供たちにとって、その20人の枠に入るのは、大変名誉なこと。

先生たちはまず、全員に一通り教えて、子供たちの体の動かし方を確認。その中で、すぐ順応して新体操を覚えた子供を選抜するというやり方だった。

演技が終わって、その20人の枠の発表という段階になった。

先生が〝合格〟した児童の名前を次々に読み上げていく。その度にワッと歓声があがる。

「発表を見ていると、先生の言うことをよく聞く子、それから頭のいい子から次々と名前が発表されるわけです。自分は体操がうまかったけれども、成績が悪いから回ってこないかなと、段々不安になってきた」

その時の心境を、木村はこう打ち明ける。

「わたしのクラスは53人いた。小学校の頃は遊んでばかりいたし、勉強しないから、成績は下のほうだった」

しかし、体操には自信があったので、「10人目ぐらいの順番で、自分も選ばれると思っていたら、選ばれない。その後、4人、5人と選ばれても、自分の名前は呼ばれない。後2

人、後1人の時に自分は必ず呼ばれるだろうと待っていたんです」。

いよいよ、あと1人の枠を待つばかり。手に汗握るというのは、こういう時である。

「将来、自分は絶対に社長になるぞ!」

「ここで、自分は名前を呼ばれるよな」と待ち遠しく思っていたら、それにも選ばれなかった。

「何だ! これは不公平じゃないか」と木村はその時、直感でそう思った。

腹立たしかった。泣きながら、帰り道についた。よほど悔しかったのだろう。不公平な仕打ちだと思いながら、「よし、自分は頑張って生きていく。いつか見ていろ」という気持ちが湧き起ってきた。

負けず嫌いの性分もあったが、〝20人の枠〟の中に入れなかった先生の判断に異議を申し立てたいという気持ちが強かった。

「将来、会社の社長になる」と心に決め、クラスメイトたちにも、「お前を運転手として雇うからな」と言ったりしていた。

同窓会で旧友に会うと、「いつ、自分を運転手として雇ってくれるのか、と言われたりするんですよ（笑）」。

今になると、笑い話の材料になるくらいだが、幼少期の木村にとっては、大変な痛恨事であった。

単に、負けず嫌いということではない。小学生時分に悔しい思いをさせられたわけだが、それを自分の人生にとって、プラスの方向に持っていくことが大事だ。

人格形成、あるいは資質を高めるという点で、教える側と教えられる側の関係は非常に大事。その意味でも、小学校、中学校時代の先生の存在は非常に大きいものがある。

その先生の仕打ちに打ちのめされた木村少年だったが、それにへこたれず、却って、「自分は社長になる」と、自己発奮に向けるエネルギーはどこから生まれてくるのか。

物事をプラスの方向に持っていくのか、それとも恨みを持ち続けてマイナスの方向に行くのかで、その後の人生は分かれる。木村自身が、横道にそれることなく、「よし頑張ろう」と前向きに生きる資質を持っていたということだろう。

「中学校に進んだら、少し勉強するようになったんですよ。そうしたら、バンバン成績が上がっていって」と木村。

こうして、自分で勉強することの面白さを掴んでいった。

第7章

高校時代にD・カーネギー著『人を動かす』に出会って

『捨て作り』――。故郷の山形県・寒河江の農家の人たちの間で使われる言葉。人を育てるにも、何もしないで、本人の努力次第ということ。「両親共に仕事で忙しかったし、自分の進路についても、自分で考え、その通りに進んできた」と木村。負けん気が小さい頃から強く、「中学時代は柔道に励んだ」。体力にも自信があり、中学、高校時代もリーダー格で通した。その高校時代、木村はD・カーネギーの著書『人を動かす』と出会う。心を揺さぶられた。「人を感動させる仕事をしたい」という思いはますます強くなって……。

高松中学校に進学して感じたこと

自分たちとはちょっと違う文化風土の者と触れあう――。このことを最初に味わったのは中学校に上がった時だ。

木村は、小学校を卒業すると、市立高松中学校へ進んだ。1960年（昭和35年）春のことである。中学校になると、別の地区の学童たちも通ってくる。通学には、家から歩いて30分ほどかかった。

「通学圏内に醍醐地区という所があった。そこは僧侶の子供が多くて、優秀な人が多かった。それで刺激されて、こちらも勉強しなきゃと思って」と、木村は中学校での“異文化体験”を語る。

慈恩寺。正式には『慈恩宗大本山慈恩寺』といい、江戸時代には寺領が18カ村にまたがり、幕府から東北最大の御朱印高、つまり、所領を与えられていた。その慈恩寺が寒河江市の醍醐地区にある。国家安泰を祈願する慈恩寺の歴史を辿ると——。

古刹・慈恩寺を抱える精神文化の中で

奈良時代の高僧で行基（668－749年）という人物がいる。諸国を巡り、民衆教化や寺院建立のほか、水田をまかなう用水池や堤防建設など社会事業を担った人物。

その行基が神亀1年（724年）慈恩寺を訪ねて、景勝地である旨を聖武天皇に奏上。聖武天皇は天平18年（748年）に勅命を出し、婆羅門僧正《ばらもんそうじょう》が勅願寺として開山したという。

婆羅門僧正は、日本に渡来したインドの仏教僧。バラモン階級の出身で、中国僧の〝道せん〟やベトナム僧の〝仏徹〟などと共に日本に渡ってきた僧。

山形県寒河江市にある「本山慈恩寺」。国指定32、県指定33と、東北随一の文化財の数々も慈恩寺の魅力のひとつ（写真は本堂と三重塔）

天平2年（730年）に中国を出帆し、九州・太宰府に到着したのは天平8年（736年）とあるから、日本へ到着するまでの旅は険しいものがあったと想像される。

婆羅門僧正は行基とも会見し、僧正の地位を得る。そして、東大寺（奈良）の大仏開眼の法会で導師を務めた。

聖武天皇の勅命を受け、その婆羅門僧正が奈良時代に開山したという慈恩寺の寺域というか境内は40万平方㍍強（東京ドーム約10個分）という広さで国の史跡に指定されている。

長い歴史の中で、多様な宗派が同寺に絡んできた。法相宗に始まって、天台宗、真言宗、時宗、そして禅宗などが入り、修験の場としても知られた。その後、1952年（昭和27年）『天台真言両宗慈恩寺派』となり、1972年（昭和47年）、『慈恩宗大本山慈恩寺』として独立し、現在に至っている。

江戸期は3つの寺院と修験者が生活する坊が48坊もあり、雑務を担う一山役人、それに寺侍や家来なども抱える巨大寺院。明治維新には〝廃仏毀釈《はいぶつきしゃく》〟などの仏教排撃運動の影響も受けたりして、現在は3カ院・17坊となっている。

長々とお寺の話を書いてきたが、要はそうした慈恩寺などの寺を抱える醍醐地区の生徒たちと接することで、木村は刺激を受けたということである。

「中学1年の後半になってからだけど、これは勉強しなければいけないかなと思い、勉強し始めたんですよ。そうしたら、みるみる内に成績がよくなっていった」

1学年で約200人、そこで16番位にまで成績が上昇。得意科目は英語、社会などの科目で、数学は「駄目だった」という。

数学という科目は、嫌いだった。なぜ、嫌いだったのか？

「数学は、誰がやったって同じ結果が出るじゃないですか。数式から答えが導かれるし、創造性というものがなく、面白くないと。逆に社会、ことに歴史などは楽しかった。夢があるからね」

歴史は、新しい時代を切りひらく人たちの考え、思想も学べるし、民族と民族の出会い、ぶつかり合いも含めて、人類の英知や創造力が感じられるという。

工業高校の土木科に進学した時の葛藤

「クラブ活動では、柔道部に入った。ただ、指導の先生が陸上部と兼ねており、柔道の未経験者ということもあって、あまり部活動に力が入っていなかった。わたしは体力もあり、柔道も強かったけれども、柔道は団体戦であり、県大会までは行けなかった」

格闘技はもともと好き。自分の負けず嫌いもあって、強くなろうと思う気持ちがあった。

そして、県立寒河江工業高校土木科に進学したのは1965年（昭和40年）のこと。

この時は、どういう気持ちで通っていたのか？

「後ろめたかったというのを今でも憶えています」と木村。

父は大工の棟梁をしており、弟子5、6人を常に抱えていた。この弟子たちは木村と同じ世代。中学校を卒業して、父親に弟子入りし、木村の家に住み込んで毎日仕事に出かけていく。

木村は1人だけ、学生服を着て、高校へ毎日通う。

「彼らは同じ歳位で仕事に励んでいる。自分は高校生活です。同じ家に住み、同じ飯を食べていながら、進路が違う。このことに後ろめたさを感じたんです」

そういう気持ちを抱きながら、高校生活を始めた。

土木科は、木村が高校に入る年（1965年＝昭和40年）に新設された。

第1回東京五輪も大成功し、高度成長の波の中で、土木科は旺盛な建築需要を背景に大変な人気があった。

「近くに普通高校で進学校の県立寒河江高校があるんですが、土木科はそこより偏差値が高かった」

寒河江工業高校は電気科、機械科がそれぞれ2クラスずつ、土木科が1クラスの計5クラスの編成であった。

その寒河江工業高校時代（1965‐1967年）では、2年生の時に生徒会長を務めた。生徒会長は皆に推されてなるもので、先生たちと生徒の対話のパイプ役も果たさないといけない。その意味では、生徒たちの意見のまとめ役でもあり、この頃から、組織のリーダー的存在になる資質を発揮していたのかもしれない。

ビートルズ人気の中、バンド活動に精を出して

高校時代は青春の真っ只中。木村は音楽にもはまり、バンドの練習に明け暮れた。高校時代の3年間は、日本の年号で言えば、昭和40年から同42年で、入学当時、戦後最長とされた〝いざなぎ景気〟が始まろうとしていた。

経済は昇り調子で、若い世代の間でグループサウンズが高い人気を呼んでいた。

英国の4人組バンド『ビートルズ』が日本初公演を行ったのが1966年（昭和41年）。東京・北の丸の日本武道館での公演は日本中の若者を熱狂の渦に巻き込んだ。いわゆるビートルズ旋風である。

「日本では、タイガースとかスパイダースの人気が高く、わたしたちもビートルズや日本のバンドのコピーをやっていました」

木村はギターを弾き、ボーカルもやった。周囲からは、「木村のボーカルはプロ級だ」と褒められたが、プロの道に進む気はなかった。

「音楽の道にも魅力は感じていました。やろうと思えばやれたけれども、その道で一生食えるとは思っていなかったし、親父のあとを継ぐという空気が家の中でつくられていましたしね」

父親からは、「大学に行け」という話も高校に入ってから出てきていた。高校3年間といえば、大体15歳から17歳にかける時で、自分の将来の進路について、「これだ」とは決めているわけではない。

大まかな方向性は決めつつも、いろいろな可能性を探ろうとする時期であり、迷いも出てくる時期であった。

D・カーネギー著作の『人を動かす』と出会う

そういう時に先生から、「木村、読書会に入らないか」と誘われた。それまで、本はあまり手にすることはなく、「漫画本は読んでいたけれども」という具合であった。

先生に勧誘され、「入ってみます」と答えると、早速手渡されたのがベストセラーのデール・カーネギー著『人を動かす』であった。

この『人を動かす』に出会った途端、極端なことをいえば、木村も人生観が変わるぐらいに感動を覚えた。

小学校高学年から、「自分は将来社長になるぞ」と思ってきたが、人に好かれ、人の心を突き動かすための人間関係の原則を説くデール・カーネギーの考え方に木村はすっかり虜《とりこ》になった。

「わたしはもう本がボロボロになるぐらいまで読んだね。感動して、感動して。人間って、こうなんだと。人間の心理というのはこうなんだということが高校2年のときにしっかり頭に入ったんですよ」

デール・カーネギー（1888－1955年）は社会啓蒙家で、その著作『人を動かす』は80

年以上も前に発刊されて以来、世界で1500万部売れているというベストセラー。『人を動かす』は、〝人を動かす3原則〟、〝人に好かれる6原則〟、〝人を説得する12原則〟そして、〝人を変える9原則〟の4部で構成。人を動かすための合計30の原則が具体的な事例と共に紹介される。

その中で、重要な原則の1つが『人の立場に身を置く』ということ。例えば、相手がなぜ、社会常識に反するようなことをしたのかという時でも、正面切っての批判、叱責だけでは相手も心にフタをして、自分の本心を語ろうとしない。

そういう時に、まず相手の立場に立って、どう思って行動したのかを理解する。

相手の心を開かせて、対話を成り立たせる関係をつくることが大事。こうした事例を著者はよく研究し、人の心のヒダまで分析し、課題解決へ向けての道筋を語る。

「相手の立場に立って、物ごとを考えていく。果敢に自分の目標に飛び込む者にとって、本当に感動を覚える本ですね」

高校生の時に出会ったこの著作がその後の木村の人生を方向付けたと言っていい。

第8章

大学卒業後、〝憧れの国〟米国留学を決意

山形県立寒河江工業高校に入学したのは、1965年（昭和40年）のこと。戦後20年が経ち、前年には第1回東京五輪が開かれ、日本の経済力、国力も高まり、全体に高度成長を謳歌する雰囲気は高まっていた。木村は高校卒業後、足利工業大学・建築学科へ進学。「建築はアートと技術の中間の領域。技術だけでもなければ、アートだけでもない。これは最高の創造性だと思って」と木村はこの時すでに、今の『接合金物工法』の着想を得ていた。自分の夢を果たしたいと思う木村は米国へ渡ろうとする。

足利工業大学で建築の〝創造性〟に出会う

高校時代には柔道をやり、高2の時に生徒会長を務めたりして、リーダーシップを発揮してきた木村。

また、1965年（昭和40年）からの高校3年間の時代は、音楽の領域でグループサウンズが流行。木村もギターを楽しみ、学校仲間との音楽活動でボーカルも引き受けていた。

そして、1968年（昭和43年）に足利工業大学（現足利大学）に入学。同大の工学部建築学科に進んだ時に、「建築というのは楽しいなと分かった」と木村は言う。

「やっぱり建築というのは、アートと技術の中間だと。技術だけでもなければ、アートだけでもないし、これは最高の創造性がある仕事ですよ」

木村は大学に進み、建築の楽しさ、面白さを痛感する。そして、自らの創造性が生かせるのではないかと感じ始めた。

「わたしは創造するのが好きなんです。誰がやっても、同じ結果が出るのは面白くないと思う。建築というのは、努力して創造性を働かせれば、できないものができるのです。そこに気が付いた。自分の感性が生きるし、やり甲斐があります」

誰かがつくったものを、物真似してつくるというのは、木村の好みではない。自分が創り出した技術で家やビルを建てるのだから面白いのである。

創造性という言葉を大事にすればするほど、その当時の建築界の〝常識〟と真正面からぶつかることになった。

祖父の代は棟梁の時代。父親の時代には〝工務店〟を名乗っていたが、父親も棟梁であることには変わりない。

父親は工務店で、木村と同じ歳位の若者を弟子として雇っていた。

「わたしも、弟子たちと一緒に刻み仕事を手伝っていました。刻み仕事というのは、木材同士（柱と梁など）を接合するための加工ですね。あれは大工の仕事の要で、あれを習得するためには、7年、8年と、長い時間が必要です。カンナの掛け方もしかりです」

この頃、大工仕事の機械もいくらか登場し、柱のほぞ穴掘りにそれらが使われていた。

「わたしも弟子たちと交代して、朝から晩まで穴を掘っていました」

木村は弟子たちと一緒に父親の手伝いをしていて、あることを感じ始めていた。

「弟子たちとか、自分の仕事を見ると、匠《たくみ》みたいな難しい組み方をするじゃないですか。ただ、実際に建つ家を見てみると、大変さのわりに単純な間取り、外観であると思ってしまいました。そんな単純なものに、みんな手間ヒマかけているんだと。これはもっと簡単に作る方法があるんじゃないかというのがわたしの感想だったんですよ」

父親の仕事を手伝っていて、その〝不都合〟なこと、〝非効率〟なことをしなくていい方法があるのではないか、そう考えた時に、ハッと気づいたのが前述の『接合金物工法』の発想。

「刻み仕事の代わりにスチールのコネクターをはめれば一発で済むのに。作業も早いし、いいこと尽くめなのに……」

日本には、〝匠の技術〟が長い歳月をかけて開発されてきており、それはそれで貴重なもの。しかし、従来の方法に固執し、安全性や合理性を高められる新しい方法を取り入れないというのは別問題。

そういう姿勢は、これからの時代にあって、さらに不都合になるのではないか——ということである。

ただ、そうは言えども、匠の世界に長い年月滲み透ってきた仕来りである。木村にとっても、「自分が新しいことを言い出したら、とんでもない反発を受けるのでは」という思いは確かにあった。

『接合金物工法』の発想を生み出す！

新しい技術・工法が登場するときは、既成秩序とのあつれきが生まれるもの。

『接合金物工法』、つまり木造建築を組み立てていく際に、スチールのコネクターをはめていく工法の原案みたいなものを木村は学生時代にほぼ固めてきていた。

しかし、世の中にそれを一気に押し出すには少々はばかられた。

「こんなことをやったら、とんでもない反発を受けるなと思ってね。木造建築の世界は非常に保守的でしたから」

木村はその時の気持ちを次のように述べる。

「大工は棟梁がいて、弟子がいる、いわゆる徒弟制度です。在来工法の技術は、棟梁から弟子へ受け継がれてきました。兄弟子から呼ばれて、こうやれと言われたら、弟弟子たちはその通りにやっていくと。だから、そこに創造性とか革新とかはない。言われたことを踏襲するだけというのが、当時は当たり前でした」

周囲からの反発の強さ

伝統工法という存在は確かに貴重なもの。日本の文化を伝え、信仰の拠点である神社仏閣の修繕や建築を行っていく〝宮大工〟と呼ばれる人たちはやはり金物とか釘を使わないで、全部組み立てていくというやり方である。

「伝統工法とは違い、住宅をつくる在来工法には〝筋交い〟とか〝羽子板ボルト〟といった金物があったけど、それはあくまでも補助金物でした」

在来工法の中でも、補助的とは言え、金物が取り入れられていることからも着想を得たりして、木村はやがて『接合金物工法』を開発していくわけだが、まだまだこの段階では在来工法全盛時代である。

また、職人の世界は独特のもの。職人同士、息子と娘をめあわせて縁戚を結ぶといった形で、仲間内の世界ができあがっていく。

「職人同士で親戚縁組みをやっていくとか、そういう動きは結構ありました」と語る。

そういう伝統社会の中で、木村が『接合金物工法』的な構想を口に出そうものなら、猛反発である。棟梁たちは、「一義は頭がおかしくなった。もうあいつとは付き合うな」と弟子たちに告げたという。どんな時代でも、新しい技術・技法の登場には在来側からの反発が出てくる。

「いろいろなことを言われ、反発も受けてきた。誹謗中傷も含め、いっぱい体験しましたよ」

そういう中で、1974年（昭和49年）、木村は『シェルターホーム』（現シェルター）を24歳で創業する。「堅固な木造建築をつくる」という思いをこめて社名『シェルター』である。

改めてKES構法と在来工法の違い

改めて、在来工法と木村が『接合金物』を使って開発した『KES（ケス）構法』のそれぞれの特長と課題を見ると――。

在来の軸組工法では、柱と梁など2つの部材を組み合わせるために、ほぞ（枘）と〝ほぞ穴〟をつくる。

〝ほぞ〟は部材の先端につくられる突起で、これをもう1つの部材の〝ほぞ穴〟にピタリとはめていく。高度な職人技が要求され、それを克服して進められてきた技術。一方、その構造上、柱や梁を削り取るため、部材（木材）が本来持つ強度を弱めることになる。

このように接合部分は本来建築の弱点であったわけだが、木村はこの接合部分をいかに強くするかに腐心。そして、創り上げた接合金物工法、つまりKES構法を今一度、おさらいすると――。

片方の柱にオリジナルの金物（コネクター）を組み込み、ボルトやドリフトピンで締める。そして、もう一方の木材につくった溝にプレートを差し込み、それをドリフトピンで緊結するという『非常にシンプルな接合方法』ということになる。

KES構法のイメージ

この接合金物工法、KES構法は木村が会社設立後に研究しながら今の姿に仕上げてきたものだ。そして結果的に、この工法は建築物を堅固にする。実際に、阪神・淡路大震災（1995年）、東日本大震災（2011年）で、その堅固さは立証された。

実は足利工業大学時代には、この構想はすでに始まっており、『革新的なことが起こるぞ』と木村は思っていた。しかし、会社を設立するまで、同工法を世の中に正式に打ち出すことはできなかった。

木村自身、「建築家でもないし、建設省の技官でもないし、ましてや研究者でもない。自分みたいな人間がそうした新しい工法を世の中に提言、提案していっていいのか」という悩みもあった。

自分の生き方、進路をどう取るかという切実な悩みである。

〝憧れの国〟の米国をこの目で見たい

「足利工業大学を卒業しても、親父のあとを継ごうとも思っていなかったし、何をしようかと悩み続けました」

大学を卒業して、自分の進む道を決める段になって、自分は今、何をすべきかと木村は考えた。

その時に浮かんだのが米国への留学である。

「昔から憧れていたのが米国ですね。音楽もそうだし、いろいろな分野、領域で関心がありました。何より、どうしてあの国はあんなに豊かになったんだと思って。とにかく、それを自分の目で確かめたいと。」

そう考えて木村は米国へ渡ることにした。

そこで、父親に掛け合った。

「俺に1年間、大学を留年されたと思って、授業料50万円を払ってくれないか」「どうするつもりなんだ」と父親に聞かれた木村は、「米国をこの目で見てきたい。学ぶ場があれば、そこで勉強してきたい」。

こう自分の思いを告げると、父親は資金を用意してくれた。

当時の木村はそんなに英語もできず、米国に友人、知人がいるわけでもない。父親からもらった〝50万円〟を懐に入れての渡米。

ビザ（査証）取得については、米国の建築学校が学生ビザを発行してくれるというので入国が可能になった。その米国で木村が得たものとは？

米国留学中。世界的にも有名な建築家フランク・ロイド・ライトが設計した『落水荘（フォーリング・ウォーター）』にて

第9章

「厳しい道を行きなさい」——。母の言葉に啓発されて

『ボーイズ・ビー・アンビシャス！』と明治初期、日本の若者に説いたのはクラーク博士。その中から内村鑑三や新渡戸稲造などの思想家や国際人が誕生したのは有名な話。シェルター創業者・木村一義にとって、クラーク博士のような存在がデール・カーネギーである。その名著『人を動かす』に高校時代に触れ、「豊かな国・米国に渡って、『この国はどうして豊かになったのか』をこの目で見たい」と思うようになった。1972年（昭和47年）、憧れの国・米国に渡った木村が見た現実とは……。

渡米したいと思った動機

米国へ渡ろうと思った動機は何なのか？

「それは学生時代から、会社をつくって社長になろうという夢を持ち続けていましたから」と木村の答えは明快。

社長になる——という夢は変わらない。1972年（昭和47年）足利工業大学（現足利大学）を卒業して、何をやるかと選択する際、米国留学の道を選んだ。

「父の経営する工務店からも、入れと言われないし、何をしようかと思案して、米国に行こうと。昔から憧れていた国で、音楽などの文化面でも世界を引っ張る国でしたから」という当時の木村の思いだ。

米国は豊かな国として、特に第2次世界大戦以降の世界をリードしてきた。

1949年（昭和24年）生まれの木村にとって、「なぜ米国は豊かな国になったのか。それをこの目で確かめたい」という気持ちがあった。

そして、そのチャンスをつかむ時が来た。木村にとっても、胸躍る時であった。

ここで木村が渡米する前後の世界の動きを見てみよう。

1972年（昭和47年）といえば、終戦から27年が経っていた。第2次世界大戦後は米国とソ連（現ロシア）の対立構造の中で、冷戦状態が続いていた。

この間、米国はベトナム戦争に介入し、社会主義国の北ベトナムに対峙する旧南ベトナムを支援し続けた。

結局、1975年に旧南ベトナムは崩壊し、旧北ベトナムの手で南北ベトナム統一が成された。

米国は当時、経済力、軍事力共に圧倒的な力を持つ大国だったが、ベトナム戦争介入で消耗し、その国力に翳りが見え始めていた。

木村が渡米する前年、1971年（昭和46年）、当時のニクソン米大統領は突如ドル防衛策を打ち出した。ニクソン・ショックといわれ、世界経済にも大きな影響を与えた。その中身は、世界の基軸通貨でもあるドルと金の兌換停止、そして米国の貿易赤字を少なくするための措置・輸入課徴金を実施する――などであった。

1973年には、固定相場制から変動相場制へと移行。それまで1ドル・360円で為替相場は固定されていたが、ドルと円など、他国の通貨との交換レートが市場の需要で決まるように仕組みが変わったのである。

日本国内では、日本からの対米輸出が打撃を受け、特に製造業からは悲鳴が上がった。円高になれば、円の購買力が増し、モノを海外から輸入する業者は円高メリットを享受できる。一方、輸出業者は、円高になった分、ドルの手取りが少なくなり、為替差損を被ることになる。

このニクソン・ショック以降、製造業では国内生産を縮小し、海外での生産を志向するようになる。こうして日本は、コストダウンのためにグローバル化を推進していった。

良きにつけ、悪しきにつけ、米国の政策一つで、日本を始め世界各国が影響を受けるということであり、米国の存在は大きかった。

50万円を渡してくれた父親に今でも感謝

そのニクソン・ショックから50年余が経つ。

この間、円は高くなり、2011年には1ドル＝70円台の円高局面を迎えた。日本経済はデフレに陥り、その後の超金融緩和策で日本経済再生を図る政策が今なお続く。

2024年春現在の為替レートは1ドル・150円台と、ひと頃に比べて円安局面。

「今、150円台で円安だとかいろいろ騒いでいますが、わたしが渡米した頃は1ドル360円を払わなければならなかった。今と比べると、倍以上の円の支払いが必要で、大変な負担でした」

木村の父親は、息子が米国に行きたいという話を聞いて、当時の金で50万円を出してくれた。

「親身になって、出してくれた50万円です。ありがたかった」と木村は今でも亡き父の愛情に感謝する。

幸い、米国の建築学校が学生ビザを発行してくれるというので、父親からの50万円を懐に入れて、木村は米国に渡った。

米国の建築学校に行くと、製図を課された。この製図は木村が得意としていて、木村にとっては勉強にならなかった。教師たちも、「君はここで学ぶ必要はない」と言った。

それよりも、英語の勉強が必要ということで、コロンビア大学の〝サマーセメスター（夏学期）〟に通うことにした。

レストランで懸命にアルバイト

ニューヨークのコロンビア大学はサマーセメスターの外国語講座を設けていた。木村はそこに通い、英語習得に励んだ。

しかし、父親からもらった50万円では、ニューヨークで生活するにはとても足りないので、レストランでアルバイトに精を出すことにした。

木村が働いたレストランのオーナーは、日系のやり手経営者であった。

「大変なやり手で、市当局から解体命令が出ているようなビルを買収して、わたしたちみたいな労働者を安くこき使うというような人だった」

木村はアパートの一室を与えられて、寝る場所を確保。レストランだから、食事の心配はいらない。そこでフルに働き、学校へ行くのだが、「朝の3時頃まで働くこともあり、居眠りばかりしていた」と述懐する。

そのレストランは、日本の有力者がニューヨークを訪ねた時に必ず食事をするということで、よく知られた店であった。

1960年（昭和35年）の日米安全保障条約締結を進めた岸信介・首相（当時）らも、その店を訪ねたという。

「わたしはよく働いたから、店のオーナーからも『大学な

留学中、1973年トロント市庁舎にて

んか行くのを止めて、うちで働いたらどうかね。そのうち役員にするから』と誘われたりもしましたよ」と木村。

しかし、そうした誘いに木村はなびかず、自分の夢に向かって進もうと決意を新たにしていた。コロンビア大学のサマーセメスターが終わった後は、ニューヨーク大学に通い勉強を続けた。

カーネギーメロン大の大学院に入学

そうこうしているうちに、日系人の大学教授からアドバイスを受ける。

「あなたは日本でバチェラー（Bachelor、学士）を修得しているし、英語ばかり勉強していては意味がない。マスター（修士）をとったらどうか」

その教授のアドバイスを受け入れて、カーネギーメロン大学の大学院（建築科）に入学を申請すると、それが実現。

カーネギーメロン大学は、米国の鉄鋼王といわれたアンドリュー・カーネギーの寄付で1900年に創られた名門大学である。米国で昔から鉄鋼の街とされるペンシルヴァニア州のピッツバーグに本拠を置く。

芸術と工学分野の研究で名高いこの大学は、特にコンピュータ・サイエンスの分野で、世界最先端の研究を進めていることで知られる。ＡＩ（人工知能）や車の無人運転などの領域では世界中の科学者が集まる〝知の拠点〟だ。

木村はカーネギーメロン大学院・建築科に入学し、製図の時には、「アウトスタンディング」という〝優秀〟、〝卓越〟という評価をもらった。

米国社会の荒廃に失望して…

しかし、米国に滞在するには、それ相応の資金が要る。その資金が続かなくなってしまった。山形で工務店を営む父親にも余裕はない。

「学資が完全にアウトになってしまった」

木村が続ける。

「また、あの頃の米国に失望していました。あれだけ夢を抱いて行ったのに、実際の米国はこんなにひどいのかという気持ちです」

ベトナム戦争も末期で、米国では戦争に狩り出される若者の間で反戦機運が高まっていた。ジョーン・バエズの反戦フォークソングがカリフォルニア州など西部を中心に歌われた。

「社会全体がもう荒れて、心が病んでいる人が少なくなかった。子供たちの間でも、マリファナやアルコールをやる者もいた。こんな国は参考にならないと。日本のほうがライジング・サン（昇る太陽）というか、相対的に勢いがあった」

木村は失望の気持ちが強くなり、日本に帰国することを決意。

帰国後、叔父のところに挨拶に行くと、「お前が米国の大学院に入ったことを連絡さえしてくれたら、銀行が奨学金を貸してくれるという話があるのだが……」という言葉が返ってきた。

「何だ、それだったら、早くそのことを言ってくれたらよかったのにと（笑）。でも、結果的に、あの時帰って来て良かったなと思っています」

両親の生きざまに…

母スケヨからは、今でも頭にしっかりと残る言葉をもらっている。それは、人としての生き方についての言葉である。

「一義、お前の行く先には、道が二股に分かれている。一つは、楽な道で、もう一つは厳しい道。その時は迷わず、厳しい道を行くんだよ」

これは、木村が大学生の頃に母親が言った言葉。母親は83歳で亡くなったが、入院している時に見舞いに行くと、母は木村に聞いた。

「一義、人生を歩んでいくと、行く先は二つに分かれている。一つは楽な道、もう一つは厳しい道。お前は必ず厳しい道を行けとわたしは言ったはずだが、覚えているか?」

ベッドから、母親にそう聞かれた木村は、「覚えているよ」としっかり答えた。母も、その言葉を聞いて安心したような表情を浮かべた。

これが母親と交わした最後の言葉になった。母はそれから3日後に亡くなったが、息子が自分の言った言葉を心に留めてくれていることを直に聞いて、安心したのかもしれない。

父親は69歳の時にこの世を去っており、母親として、長男の行く末をいつも思い続けていたのであろう。

木村は1974年（昭和49年）春、24歳でシェルターホーム（現シェルター）を設立して起業。自立の道へと漕ぎ出すわけだが、父親の生き様と、〝母の教え〟に大いに啓発されたということである。

第10章

どんな状況でも、決して夢を捨てず『木造建築』の道に邁進

「人生には何をするにも2つの道がある。楽な道と厳しい道、どちらかを選ばなければならない時は厳しい道を選びなさい」――。母から言われたこの言葉は、創業から十数年経ち、木村がある決断を下す時の後押しとなった。当時のツーバイフォー工法を取りやめ、自ら開発した『ＫＥＳ構法』による独自の木造建築工法で打って出る決断である。１９７４年（昭和49年）、24歳で創業して半世紀、数々の試練を経ながら「木造都市を全国につくる」という志は今も変わらない。

志を抱いて50年、ＫＥＳ構法が浸透

「新しい技術で新しいマーケットを創る」――。

木村が１９７４年（昭和49年）に創業した時の思いである。

新しいマーケットをつくるためには、新しい技術が必要だが、創業から半世紀の間に、木村は〝木造革命〟に向かって大地震にも強い『ＫＥＳ（ケス）構法』を生み出し、燃えない木材の『ＣＯＯＬ ＷＯＯＤ（クールウッド）』を開発してきた。

何より、木の魅力について「やはり温かさに癒されます。住む人の健康に良い」と木村は語り、『木造都市を全国につくる!』という経営目標を掲げてきた。

日本の木造住宅は在来工法、ツーバイフォー工法を取り入れてきたりしたが、木村のKES構法が木造革命を起こし、関係者の注目や関心を集めてきた。

「日本の住宅は〝家の内〟と〝家の外〟の連続性・関係性を大事にする縁側のような心地よい開放感が魅力」と、木村は説いている。

米国・カナダで生まれたツーバイフォー工法は〝断熱性〟に優れているものの、壁で家の強度を確保する構造のため、大きな間口が取れない。どうしても家の中の空間が密閉された状態になりがちだ。これに対して、柱や梁を使えば開放的なデザインの住宅設計も可能になる。

KES構法では、経験の浅い職人でも作業にタッチできるし、組み立てやすい。

人手不足は今、全産業界の共通課題だが、これは建設業界にも当てはまる。KES構法による住宅建築が進めば、雇用の拡大が見込め、地域経済の活性化にも繋がる。

改めて、KES構法とは、本人の名前のKimuraと、〝優れた〟という意味のExcellent、そして、〝構法〟のStructure Systemの頭文字から取っている。

日本列島は地震や風水害などの自然災害が多い。そうした天変地異を耐え抜く住宅や建物を建て、「お客様の命と財産を守る」という思いが木村を支え続けてきた。

しかし、革命と言われるような新しい技術は最初、様々な反発を受けがちだ。旧来の工法や技術に依存して仕事をしてきた関係者からの反動は特に強い。

木村もそういう試練にあってきた。

KES構法に反発もあったが…

旧来の工法に頼る業界関係者からの反発ならまだしも、身内である社員からも反発する者が現れた。

ツーバイフォー工法による住宅建設が軌道にのっていた最中、「ツーバイフォー工法をやめて、KES構法で新しく出発する」という木村の考えに反発したのである。

KES構法による第一号住宅が完成したのが1987年（昭和62年）。実に創業から13年の歳月が経っていた。

翌年、本拠地・山形で正式な記者会見をする段取りを進めていると、その前日に管理建築士が会社を辞めた。

同じ年、東京・帝国ホテルで『ＫＥＳフランチャイズ説明会』を開催したところ、その一週間後にツーバイフォー工法からの方針転換に反対していた管理建築士が他の社員を引き連れて辞めていったこともあった。

青雲の志を抱いて創業し、『世界一流の住まい』をつくるという決意の下、研究に研究を重ねて開発したＫＥＳ構法。これから大々的に打って出るぞという矢先の社員の退社に、木村も大きなショックを受けた。

しかし、こんなことでひるんではいられない。在来工法の良さ、長所を取り入れ、震災などに強いＫＥＳ構法は必ず受け入れられるようになる――という確信が木村にはあった。

何よりＫＥＳ構法はきちんとした構造計算ができるという木村の思いである。

民間住宅から自治体庁舎。幼稚園、商業施設まで広がる

ＫＥＳ構法は今や、住宅のみならず、自治体の庁舎や図書館、文化施設、そして保育所や幼稚園、福祉施設、さらには一般商業施設の建設へと領域が広がる。

創業から23年が経つ１９９７年（平成９年）には、本社を山形県寒河江市から山形市に移し、社名も「シェルターホーム」から「シェルター」に変更した。

ＪＲ山形駅から南西部へ車で約10分のアルカディアソフトパーク内にシェルターの本社がある。

ＫＥＳ構法の技術を結集した３階建て社屋ができた頃、木村のもとに岩手県浄法寺町の町長が相談に来た。

町では鉄筋コンクリートによる庁舎建て替えを予定していたが、シェルター新社屋を見て、「ＫＥＳ構法による木造建築でやりたい。ついては町有林の唐松を利用できないか」という相談であった。

原材料コストの高い鉄筋コンクリート造りに比べて、町有林の木材を活用すればコストも抑えられる。製材や建築も地元企業に発注していけば、雇用面も含めて地域活性化につながるのではないか――。

こうして浄法寺町庁舎は、ＫＥＳ構法による自治体の庁舎建築第一号となった。浄法寺町はその後の市町村再編成で二戸市となり、同庁舎は現在、二戸市浄法寺総合支所として使用されている。

その後に建てた、埼玉県宮代町庁舎は日本最大の木造庁舎となるなど、各地の公共施設で木造建築が広がっていった。

こうした実績が評価されて、「文部科学大臣表彰 科学技術賞 技術部門（KES構法）」（2010年）、「山形県産業賞」（同）、「林野庁長官感謝状 木づかい運動 国産材利用推進部門」（2011年）、「民間部門農林水産研究開発功績者表彰 農林水産大臣賞」（2012年）などを相次ぎ受賞。

そして、2013年には木村の「黄綬褒章」受章へと続く。

『木造都市を全国につくる！』――。

24歳の時に起業し、木造建築の良さを広めようという木村の営みは全国規模で広がっていく。それは、こうした受賞歴を見ても分かる。

志を持ち続けてこそ！

2024年の今、コロナ禍の3年を経て、また、ウクライナ危機が続く中で、わたしたちは生き方・働き方について、いろいろ考えさせられてきた。

どんな状況になっても、決して夢を捨てず、正しいこと、社会に役立つことは何かを考えて行動していく。それは、技術革新によって社会課題を解決し、成長する、〝ソーシャルインパクト・ファースト経営〟に結びついた。

木村は多感な高校時代を振り返り、「わたしはあまり模範的な生徒ではなかった」と謙遜しながらも、高校2年の時の弁論大会で2位になった時の思い出を語ってくれた。

この時、木村の弁論のテーマは『夢を持て』。弁論大会が終わった後、級友や友達から「感動した。お前が実質1番だったよと言われて嬉しかった」と述懐。

友人たちも、それぞれ自分の夢を持ち、頑張りながら生きている。『夢を持て』という木村の言葉に、友人たちも同じ思いで共鳴したということであろう。

学校を出て、現実の社会に出ると、多くの制約や障害とぶつかる。その中で、いかに自分の夢を持ち、育てていくか。

木村は若い時から読書に親しんできた。

高校2年生の読書会で出会ったD・カーネギーの著書『人を動かす』は、「もうボロボロになるくらいまで読んだ」と語る。

1972年（昭和47年）、木村は足利工業大学工学部建築学科を卒業し、米カーネギーメロン大・大学院建築科に留学。学生時代はナポレオン・ヒルやジョセフ・マーフィーを読みふけった。ナポレオン・ヒルの『成功哲学』や『思考は現実化する』も20歳前後で読み、木村本人も自己研鑽の必要性を語る。

同社では社員全員に『モチベーションメモリー』という手帳型の冊子を配っている。シェルターの経営理念や社員の心構えなどを綴ったものだ。

特にユニークなのが、書籍などから木村が心に残った言葉を抜粋した「モチベーション言葉」。1年365日、稲盛和夫・京セラ創業者や弘法大師 空海、大村智・ノーベル賞受賞者など、著名人の言葉を抜粋して、毎朝の朝礼で社員全員が唱和しているという。

木村は「D・カーネギーの著書『人を動かす』に

社員全員が持参する『モチベーションメモリー』。シェルターの経営理念や社員の心構えなどを綴ったものだ

しても、すごく意味がありました。今から考えれば、まだまだ理解も低いレベルだったんですが」と話しつつ、書物から多くのことを学ばせてもらったという。

そして、忘れてはならないのが両親への感謝だ。

先述したように、父・木村栄は米国留学の際、50万円を工面してくれた。母スケヨは「人生には何をするにも2つの道がある。楽な道と厳しい道、どちらかを選ばなければならない時は厳しい道を選びなさい」と言ってくれた。

両親や国内外の友人とのつながりの中で、木村は幼いころから感謝の気持ち、謙遜・謙譲の心と自己啓発し続ける不動心などを学んでいった。

「建築の世界で、日本は欧米に学んできた。向こうが師匠です。今は先頭に立つ時。自らの手で何かを創る時には風をまともに受けます。リスクを取って、矢面に立つとそうなる。先頭に立つ勇気が今の日本に求められているのです」

創業から半世紀。社内の人材育成へ、今日も励む木村である。

第11章
山形から世界へ、木造建築先進国スイスが認めた！

「近代木造建築の後進国とされてきた日本の技術が先進国であるヨーロッパで認められたんです」――。2023年12月、シェルターはスイスの建築会社・ウォルトガルマリーニ社と技術供与の契約を締結。ヨーロッパにおける木構造技術のリーディングカンパニーとの提携に、国内外の関係者も色めき立った。こうした提携を実現することができたのは、木村の「『燃え止まり、自己消火し、倒壊しない』という日本の耐火技術を世界に発信したい」という信念。木村本人が語るシェルターのこれから、そして、未来を担う若者へのメッセージとは――。

スイスの建築会社・ウォルトガルマリーニ社と提携

世の中が喜ぶことを提供する――。

わたしは創業以来、常にこのことを心掛けてきました。

売上をいくら上げたかとか、家を何棟建てたとか、経営を考える上ではそれも重要ですが、もっと大切なことは、何人のお客様に満足を与えることができ、喜んでいただくことができたか。あるいは、感動してもらえるような仕事ができたか。仕事をする上では、こちらの方が重要だと考えています。

やはり、会社を運営するには経営者の志が必要で、公《おおやけ》の心、いわゆる利他の心があるかどうかが大事です。きれいごとに見えるかもしれませんが、公共性を考えることが結果的に自分たちへ戻ってくる。それがわたしの経営哲学であり、シェルターの存在意義だと考えています。

これまで触れてきたように、接合金物工法『KES《ケス》構法』や木質耐火部材『COOL《クール》WOOD《ウッド》』など、当社は独自の技術開発を積み重ねることによって、新たな市場を開拓してきました。

そんな当社にとって、非常に嬉しいニュースが入ってきました。スイスの建築会社でウォルトガルマリーニ社という、ヨーロッパにおける木構造技術のリーディングカンパニーと、2023年9月にパートナーシップ協定を結び、同年12月に技術供与の契約を締結することができたのです。

近代木造建築の元をつくったのはヨーロッパです。ヨーロッパの手法や考え方が、北米、南米、オセアニア、アジア、そしてアフリカへと、世界中に広まっていきました。

2023年12月5日、ウォルトガルマリーニ社のオフィスにて。左から、ウォルフラム・キューブラー（同社マネージングディレクター）、アンドレアス・ガルマリーニ（同）、木村、カルロ・ガルマリーニ（同社会長）

そのヨーロッパのリーディングカンパニーであるウォルトガルマリーニ社が、近代木造建築の後進国とされてきた日本の技術、それも当社の『KES構法』や『COOL WOOD』といった技術を認めてくれたのですから、わたしは非常に誇りに思っているのです。

「燃え止まり、自己消火し、倒壊しない」という日本の耐火技術を世界へ発信

近年、環境意識の高まりから、欧州を中心とした海外で木造ビルの計画・建築が相次いでいます。しかし、それらの耐火設計法は、日本の準耐火構造にあたる「燃え代《しろ》設計」とほぼ同じ考え方です。

燃え代設計というのは、火災によって消失することが想定される部分（燃え代）を、構造上必要な寸法にあらかじめ付加する設計法です。

例えば、木が燃える時の炭化速度というのは、1分間に0・6ミリから1ミリと言われています。火災が発生したら、この間に逃げる時間を確保するというのが、火災に対する対処法であり、世界ではスタンダードな考え方です。

ただ、確かに、それは火災が発生したのが、4階くらいまでの中低層の建物であれば、比較的逃げやすいと思います。ところが、高層の建物になると、炎が出たら、煙が充満し、エレベーターはストップ。階段で逃げるとなった時に、建物内がパニックになれば、避難には想定以上の時間がかかるかもしれません。

ですから、わたしは以前から中高層の木造建築物を建てる際には、燃え代計算で考えるのは危険だとずっと主張してきました。高層化が進む木造ビルにおいて、十分な安全性を担保できない懸念があるのであれば、それを解消しようと考えるのは当然だと思うからです。

ところが、世界中の誰に話をしても、返ってくる言葉は、木は燃えるものだから、火災が起きたら仕方がないと。海外の人たちだけでなく、日本でも、それが世界のスタンダードなんだからいいじゃないかという程度の認識しか持っていませんでした。

しかし、火事になった時に一番大事なことは、人の命を守ることです。火災があった時でも、「燃え止まり、自己消火し、倒壊しない」という日本の耐火技術を世界に発信したい。当社の技術を認めてもらい、世界のスタンダードにしたいとずっと思っていたのです。

日本は火災に関して、世界で一番厳しい建築基準法を制定しています。地震もそうです。昔から日本は地震が多く、先日の能登半島地震もそうですし、阪神・淡路大震災や東日本大震災といった巨大地震に見舞われてきました。その度に火災を伴い、尊い命が失われてきたのです。

ところが、ヨーロッパは比較的地盤も強く、それほど大きな地震は経験していません。やはり、世界で最も災害を体験した国であるからこそ、日本の技術を世界に発信したい。そう言い続けてきたことが、今回のウォルトガルマリーニ社との提携で認められたような気がして、わたしは大変嬉しく思うのです。

ウォルトガルマリーニ社の方々も初めは半信半疑でした。燃え代設計という彼らの考え方は決して間違いではありませんが、もっと安全性の高い方法や技術が日本にはある。当社が何百回と繰り返してきた燃焼試験の結果をお見せし、トップ会談を重ねました。

詳細は第3章（45ページ）を参照していただきたいですが、彼らに日本に来てもらい、当社の技術や考え方を理解していただきました。その結果、やっと当社の『KES構法』や『COOL WOOD』を認めてもらうことができたのです。

ヨーロッパのトップ企業に当社の技術を認められたということは、当社だけではなく、日本の建築業界にとっても驚くべきことです。誇張でもなんでもなく、山形には最上川という母なる川がありますが、まさに川の上流から下流に流れていくのではなく、下流から上流へ上っていくような衝撃度があるのです。

燃え止まり、自己消火し、倒壊しない――。こうした発想をヨーロッパのリーディングカンパニーが認めてくれたことは非常に大きな意味があります。欧米の会社の知り合いから何人も「ミスター木村、コングラッチュレーション（Congratulation）」と言っていただきました。すでに北米やアジアでも引き合いが来ており、今後が非常に楽しみです。

これから当社はスイスを中心とした欧州各国での木造ビルの普及・拡大を図ります。そして、日本の技術を世界に発信していこうと考えています。

もっとも、われわれがウォルトガルマリーニ社から学ぶべき技術や知識は多々あります。そこは先進国であるヨーロッパで培ってきたウォルトガルマリーニ社の知見を吸収するべく、当社としても彼らから謙虚に学んでいきたいと思っています。

原理原則や道徳にかなった行動を

実は、ウォルトガルマリーニ社との提携にあたり、わたしの40年近く前からの古い友人が彼らを紹介してくれました。その友人は周囲の人から、なんでそこまで木村を信用するのか？　と聞かれた時、そんなに長い間、信頼関係が続いているのは、わたしが正直者であり、謙虚であると。自分で言うと恥ずかしくもなりますが（笑）、そういう人間関係ができているということを言ってくれたそうです。これは本当に嬉しかったです。

わたしは、人間、誰しも道理にかなったことを実行し、誠実に取り組んでいると、誰かが見ていてくれる。これは洋の東西を問わず同じだと思います。

近江商人の『三方よし（売り手よし、買い手よし、世間よし）』にしろ、『お天道様が見ている』という言葉にしろ、日本にもともとある教えというのは、どんな時代にあっても世界中通用する考えだと思います。そうした基本を外して上手くいくことなど絶対にありません。

だから、われわれは原理原則や道徳にかなった行動をしないといけないと思いますし、わたしはその部分に関しては誰にも負けないと自負しています。

まだまだ、われわれの挑戦は始まったばかりです。これからも一つひとつの仕事に真摯に向き合い、お客様のためになるものをつくっていきたいと考えています。

煩悩に勝つ良心を持とう！

今、世界ではウクライナや中東で戦争が起こり、米中対立などもあって、世界がかなり混沌としています。日本でも、政治家の政治資金問題があって、政局はかなりの混乱状態にある。やはり、正しいことをせず、ウソで隠そうとするから、いろいろな問題が生じるのであって、人間は原理原則に則って、道理にかなったことをしなければならないと強く思います。

その意味で、今は人間としての本質が問われているような気がしてなりません。人が見ていないところで何をやっているかどうかが、本当の信用を生むのだと思います。

これは企業経営も同じです。勉強して、大学でＭＢＡ（経営学修士）を取得するのもいいですが、その前に人間としてどうあるべきか。正しい人間、いい人間になるにはどうしたらいいか、どういう考えをすべきなのか。そうした道徳を勉強しなければダメだと思います。生意気ですが、わたしは本気でそう思っています。

今は、経営者の覚悟が試されていると言われます。覚悟を持つには信念が無いといけません。自分が信じるものが無いと覚悟ができませんし、悩んでばかりいたら、あっちへ行ったり、こっちへ行ったりして、心が流されるだけです。心が定まってこそ、人は覚悟ができるのだと思います。

もちろん、人は悩みがあって当然です。人が苦しい時、窮地に陥った時には、横道に逸れたり、間違った道に進みたいと思うかもしれません。しかし、大事なことは、煩悩に打ち勝つ良心を持たなければダメだと。心が私欲に負けてはダメで、良心が煩悩に勝てるような世の中にならないと、社会は決して良くならないと思います。ですから、社会が良くない方向に行っているのであれば、われわれ一人ひとりが煩悩に打ち勝ち、良い方向に持っていくしかない。

日本は今、失われた30年などと言われていますが、皆がそうした意識を持つことができれば、間違いなく立派な国になることはできると思います。

皆さん、煩悩に勝つ良心を持ちましょう。良心は常に煩悩に勝たなければいけない。そうやって、皆で社会を良い方向に持っていきましょう。

２０２４年３月

シェルター会長・木村一義

特別対談

小宮山 宏 三菱総合研究所理事長
×
木村一義 シェルター会長

「放置された森林の活用、そして木造都市の実現で日本再生を」

「日本には森林から取れるバイオマスという大変な財産がある」――。『ビジョン2050 日本が輝く、森林循環経済』を公表した一般社団法人プラチナ構想ネットワーク。日本の森林資源を最大限活用することで、脱炭素社会の実現を目指そうという提言だ。日本は化石燃料への依存からどう脱却し、森林資源をどう活用していくのか。元東京大学総長の小宮山氏と山形を本拠に木造建築の可能性を追求する木村氏との特別対談――。

化石燃料が再エネに
金属資源は都市鉱山に代わる

――小宮山さんが会長をつとめるプラチナ構想ネットワークは、5月に『ビジョン2050 日本が輝く、森林循環経済』を公表しました。まずはこうした提言を公表した狙いから聞かせてください。

小宮山 『ビジョン2050 日本が輝く、森林循環経済』は「石油化学からバイオマス化学への転換」、「木造都市（まちの木造化・木質化）の展開」、「森林・林業の革新」の三つの戦略を柱として、今後の森林産業のあるべき姿を取りまとめたものです。

わたしは森林がこれから日本の大変な資源になると思っています。今の資源というのは、石油や石炭、天然ガスといった化石燃料と鉄鉱石や銅などの金属資源、そして、食料のような生物資源に分類されますが、これが2050年までにガラリと変わります。

それは化石燃料が再生可能エネルギーに代わり、金属資源は都市鉱山に代わる。これから、そういうエネルギーの大転換が起こると思います。

――再エネと都市鉱山にエネルギーの主役が変わっていくと。

小宮山　はい。今の世の中にあふれているモノは、プラスチックをはじめ、石油化学からつくられているモノが多い。これからは脱炭素ということで、石油や石炭が使えなくなりますから、それをどう代替して、つくっていくかが非常に重要な問題になるわけですよ。そこで日本の国土を見渡して見ると、森林資源が豊富な国であると。日本は小さな国ですが、国土の3分の2が森林に覆われていて、木の生えにくいところがないんです。要するに、国土の大きい国を考えたら、熱くて砂漠地帯が多いとか、ツンドラ地帯で寒すぎて木が成長しない場所が多い。

その意味で、国土の3分の2が森林に覆われ、しかも、温暖湿潤で木の成長速度が非常に速い日本という国は、大変な資源を持っている。その森林を活用したバイオマスが今後、大変な財産になるということです。

――日本が資源国というのは新しい視点ですね。

小宮山　これは十数年かけて議論をしてきて、森林をもっと活用しようという声は今までにもありました。しかし、実行に移している人が少ない。そこに木村さんのような実践者が出てきたというのは、われわれにとっても非常に心強いです。

100年住むことができる住宅をつくりたい

――山形を本拠に、木造建築の可能性を一貫して追い求めてきたのが木村さんです。今の小宮山さんの話を受けて、改めて、木造建築にかける木村さんの思いを聞かせてくださ い。

木村　わたしも小宮山先生の影響があるのか、木造建築こそが地方創生と日本の経済再生につながると考えています。

木は環境にやさしい素材で、地球温暖化対策になりますし、何より住んでいて人の心を温かくさせる。われわれは人々が心身ともに豊かに暮らすことができる環境をつくるため、木造建築によって「都市（まち）に森をつくる」事業を推進しており、新たな木造都市の実現に向けて取り組んでいるところです。

――木造の住宅づくりは創業以来ずっとですね。

木村　ええ。わたしは1974年、24歳でシェルターホーム（現シェルター）を設立しました。それから約半世紀、耐久性があって、100年住むことができる住宅をつくりたいという思いを抱いて、木造住宅づくりを進めてきました。

というのも、海外では二代、三代にわたって住み続ける家が一般的ですが、日本ではマイホームを建てたら、その家は一世代で終わり。たった30年でお終いではなく、せっかく建てた家なのだから、二代、三代にわたって100年は住めるような家をつくりたいと考えたのです。

――木の可能性に懸けたということですね。

木村 はい。木はやはり美しいですよね。年輪があって、どの木も一つひとつ表情が違うのも、またいいんです。鉄やアルミは表情が皆同じじゃないですか。しかし、木は違う。それは木が生きものだからです。

だから、わたしは木が好きなんですが、そもそも、自分の名前がウッドヴィレッジ（木村）なんだから、木というのは切っても切れない関係ですよね。

――いい名前をもらいましたね（笑）。

木村 実は子供の頃は嫌いだったんです（笑）。父は工務店を経営していて、周りにいる大人たちは皆、大工ばかり。だから、あまり好きではなかったんだけど、歳をとってくると木の良さに気づくようになりました。

そういうことで、わたしは会社設立以来、鉄骨やコンクリートの建物には一切手を付けなかった。木造だけでやりたかったんです。それが良かったと思います。

とにかく必死になってやってみることが大事

——先ほど、小宮山さんから森林活用を訴える人は多いのに実践する人がいないという指摘がありましたけど、これはどこから手を付けていけばいいと考えますか。

小宮山　これはやってみるとすぐに分かります。実際に山へ入ると、労働力もないし、路網整備も進んでいないし、機械も足りない。それに木を切ろうと思っても、誰が所有しているのか分からない不明地主の土地を合計すると、すでに九州の面積を超えているんです。

——それは信じられない規模ですね。

小宮山　信じられないですよね。2040年には、北海道の面積に迫ると言われているくらいですから。他にも、まだ温暖化ガスの削減効果を売買するカーボンクレジット（削減量）の制度や位置づけがしっかりしていないとか、森林活用に関する制度が未整備です。だから、木を切るところや植えるところ、そしてバイオマス活用や木造都市・バイオマス化学・エネルギーといった、川上から川中を経て、川下に至る「森林産業バリューチェーン（価値の連鎖）」をどう構築していくかが課題になっている。

それが幸い、木村さんを含めて、全バリューチェーンをカバーするのに必要な人たちが揃ってきたということで、2022年10月に『プラチナ森林産業イニシアティブ』設立に至ったということですね。

――実践者が出てきたというのは心強いですね。

小宮山　そうです。われわれが言っているのは、100人の有識者より1人の実践者です。日本は、そういう人た

小宮山 宏　こみやま・ひろし

1944年栃木県生まれ。72年東京大学大学院工学系研究科博士課程修了。東京大学工学部助教授、教授、同大学院工学系研究科長・工学部長、同大学副学長を経て、2005年4月から09年3月まで東京大学総長。同年4月より三菱総合研究所理事長。10年プラチナ構想ネットワーク設立、会長に就任（22年一般社団法人化）。

ちを尊ばないとダメです。

木村さんの言う木造都市というのは、今後の展開が非常に期待される分野で、中高層建築を含む非住宅の木造化を進めようと。こうした木造都市の実現は、森林・林業、木材産業の活性化に貢献するだけでなく、地球温暖化対策にもなります。

それを可能にしているのは、耐火技術や耐震技術の進化があるからで、こうした技術を開発する実践者がいるというのは、大変心強いことです。

木村　そう言っていただけると、わたしも嬉しいですね。

当社は創業以来、技術革新によって木造建築の可能性をひろげてきました。柱や梁《はり》の接合部分に金物を使う接合金物工法『KES（ケス）構法』や、3時間耐火の認定を取得した木質耐火部材『COOL WOOD（クールウッド）』、曲線・ひねりの三次元加工技術『FREE WOOD（フリーウッド）』などの先駆的な技術を開発し、大規模木造建築はもとより、高層の木造ビルや芸術的な木造空間といった、様々なプロジェクトに挑戦し続けています。

――KES構法は、木村さんの「Kimura」、〝優れた〟という意味の「Excellent」、そして、〝構法〟という「Structure System」の頭文字から取っているんですね。

木村　ええ。われわれは都会の大企業ではないし、補助金もないところから、自分たちで一からやってきました。

当社が取り組む「エンジニアード・ウッド・ストラクチャー（構造計算ができる強度の高い木構造）」は在来工法とは別物です。今は技術の有無が明確に表れる時代になったんです。

例えば、接合をどのように行っていくのか、梁の中に配管が貫通する時はどうやって断熱するか、そして、火災が起きた時に炎がコンセントやシャッターへ燃え広がると、構造体の木にも燃え移るのかなど、われわれは全部検証実験を重ねてきたわけです。

――それは『KES構法』や『COOL WOOD』を開発する時も同じですね。

木村　中高層や大規模な施設をつくる際には、耐震技術や耐火技術を要求されるわけだから、どうしても木造は弱いとか、木は燃えてしまうという壁にぶち当たるんですよ。この壁を乗り越え、ブレークスルーしていくためには、いつまでも従来と同じことをしていても仕方がないわけです。

今までの建築技術では小さな木造住宅しか建てられないので、地震に強い木造をどうやってつくるか、燃える木をいかに燃えなくするかということに苦心しながら、われわれは一つひとつ壁を乗り越えてきたんです。その壁を突破してきたからこそ、中高層や大規模施設の木造化に挑戦しよう、という話になってくるわけですよ。それは結局、自分たちでやらなければ誰も助けてくれないからですよね。

――ユニクロ（ファーストリテイリング）の柳井さん（正・会長兼社長）がよく言うのは「会社はつぶれるもの。だから、つぶれないように経営者がいるんだ」という言い方をしますね。

木村　なるほど。そういう考え方もありますね。とにかく必死になってやってみることが大事だと思います。

ファミリービジネスをどう育成していくか

――小宮山さんは木村さんの取り組みをどのように感じていますか。

小宮山　わたしは木村さんを見ていると、つくづく、ファミリービジネスが重要だということに気づかされます。木村さんはお父さんから家業を継ぎながら、シェルターホームという実質的に新しい会社をつくっていったわけですね。

わたしは政治家の世襲はけしからんと思っているんですが、親のビジネスをいろいろな形で受け継いでいくというのは非常に大事なことだと思います。

やはり、ファミリービジネスには大企業にはない、人間らしい温もりがあるんです。

――なるほど。人の温かみですか。

小宮山　そうです。もちろん、大企業にしかない良さもあるんだけど、例えば、郊外の町づくりでも巨大資本が入ってくると、大規模な再開発ができるけど、ファミリービジネスはつぶされるし、儲からないと分かれば彼らはすぐに撤退してしまう。そうなると、地域に何も残らないという事態になりかねません。

やはり、これは不安定ですよね。それこそ、今は半導体が世界の経済安全保障という括りで議論されていますけど、国内的な安全保障という観点で考えたら、地域に根付いたものが不可欠なんです。その意味で、ファミリービジネスをどう育成し、地域をどう活性化していくかというのは、非常に大事なテーマだし、日本にとっては大きな課題だと思います。

――こういう反応があると、木村さんも嬉しくなりますね。

木村　ええ。海外の木造建築では、木材パネルを組み合わせるツーバイフォー工法が住宅などで普及しています。わたしも米国留学の際にそれを見ていたから、これは日本で売れると考えて、当社も始めはツーバイフォーでやろうと思っていました。

ところが、当時の建設省（現国土交通省）の基準では、ツーバイフォーの採用は多雪地帯では認められない。当然、山形は多雪地帯なんですよね。隣の宮城県はいいんですが、山形県はダメなんです。1㍍以上の雪が降るところはダメだという基準があったんだけど、わたしはそんなことも知らなかった。だから、最初からつまずいたところが出発点だったんです（笑）。

――そんなことがあったんですか。

木村　ですから、最初は在来工法から始めました。

その時にも新しい建材は使ったりしたし、留学中に構想を温めていた『ＫＥＳ構法』を開発したんです。これもお金になるまでには10年以上かかりましたが、地べたをはいつくばって頑張ったんです。

結局、建築業界というのは受注産業だから、一度、信頼を得ることができれば、よほどの裏切りや信用を傷つけたりすることがない限り、継続して買ってくれるんです。でも、うちにはそれが無かったから必死ですよね。他人がやらないことで勝負しないといけないわけだから。

そういうことで新しい工法を開発したり、技術を磨いたりしたから、今があるのだと思っています。

小宮山　こういう意欲のある経営者は応援したくなりますよ。今、林業に関わっている人の多くが補助金頼みですから。もちろん、国が補助することも大事ですが、中には全然競争力のないところにまで補助金を出しているケースもあるんです。それがかえって競争を邪魔していることにもなるので、きちんと競争力のあるファミリービジネスを支援していくような仕組みが必要だと思いますね。

自給国家を目指すのは当然

小宮山　わたしは、今は日本の常識を変える転換期だと考えています。長年、日本は資源の無い国だから、加工貿易で生きていくのだと教えられてきたんですが、今、発想の転換が必要です。

つまり、20世紀というのは、多くの国が売るものは資源しか無くて、今でいうG7（主要7カ国）のような先進国のみが工業を持っていたわけです。G7以外、ほとんどの国々は資源を売るくらいしかビジネスができなくて、その時に一番うまくいったのが日本であり、加工貿易というビジネスモデルが生み出されていったんです。

しかし、今は多くの国が豊かになり、ほとんどの国が工業を持つようになった。しかも、これから原料が都市鉱山と再生可能エネルギーに変わっていく中で、日本が従来の加工貿易でやっていけるはずは無いのです。

——発想を転換せよと。

小宮山　ええ。やはり、これから自給国家に向かうんだという意識を持つことが大事です。

未だに、われわれが小学校時代から習ってきた加工貿易にこだわっていてはダメです。化石資源と金属資源を輸入して、加工して儲けるんだというビジネスモデルは20世紀で終わりです。これからエネルギーは再生可能エネルギーに、鉱物資源が都市鉱山に変わっていく中で、自給国家を目指すというのは当然のことだと思います。

――現在、日本は食料自給率が38％、エネルギー自給率が12％と、いずれも低水準なんですが、これを自給国家に持っていこうということですね。

小宮山　そうです。これから脱炭素で石油などの化石燃料は使えなくなる、ということは、現在88％の輸入ができなくなるということです。

逆に、こうした転換を実現することができれば、これまで輸入に頼っていたものが内需に変わりますから、新しいビジネスが生まれる。ざっと計算して、今の化石燃料や鉱物資源などの輸入が内需に変われば、単純計算で50兆円のビジネスが生まれます。そうした発想の転換が大事だと思います。

木造建築技術が木造都市の実現を後押しする

――これは力強い提言ですね。1974年の会社設立以来、木造建築の可能性を追求してきたのが木村さんです。木村さんには改めて、森林資源の活用、そして木造建築の可能性について話してもらえますか。

木村　われわれは日本に「木造都市」をつくろうと、「都市（まち）に森をつくる」というスローガンを掲げて頑張ってきました。木造都市という言葉はわたしがつくったんです。30年くらい前から、木造の欠点とされていた耐火性、耐震性、耐久性を大幅に改善する木造建築技術を開発、実用化してきました。

こうした木造建築技術が木造都市の実現を後押しするわけですが、木が燃えないなんて、聞いただけですごいと思いませんか？　木造のビルはつくれないというのも固定観念にしばられているだけで、技術を開発し、やってみればできるんです。そういうことを、われわれは一つひとつ証明してきたつもりです。

小宮山　燃えない木造建築なんて普通は考えませんよ。

木村　昔は木造建築というのは、大工が勘と経験と度胸で建てる世界でした。でも、従来の手法のままでは耐火性のある木造建築は建てられないし、間口もせいぜい3間半くらいですから、それ以上は経験したことがないので、恐くて建てられないわけです。だから、われわれはしっかりと構造計算をして、安全性を確認し、「エンジニアード・ウッド・ストラクチャー（構造計算ができる強度の高い木構造）」という工法を生み出しました。木造ではあるけれど、きちんとエンジニアリングされた構造物であるというのがポイントです。

――なるほど。こうした新たな技術開発においては、壁にぶつかったり、上手くいかなかったりする時もあると思うんですが、そういう時はどうやって自分を奮い立たせていったんですか。

木村　自分の心の中で絶対に成功させてみせるという意志や決意があれば、それは大丈夫だと思います。別に心が折れることもありません。

――挫《くじ》けたりすることがないと。

木村　ええ。挫けないのは、絶対にイノベーションを起こし、ブレークスルーを起こすんだという目的があるからです。そもそも大企業なら失敗しても他で取り返せばいいのかもしれませんが、当社の場合は挫けていたら誰も助けてくれませんから。

国産木質バイオマスは現在の4倍の供給が可能

――非常に心強い話をいただきました。では、ここで改めて、木造都市をつくることの意義は何だと考えますか。

小宮山　われわれプラチナ構想ネットワークでは、2050年までに9階建て以下の新

規建築物を全て木造化・木質化し、都市に「第二の森林」を形成することを提案していま
す。例えば、日本の9階建て以下の建物を全て木造にすると、今ある日本の森林全体の炭素固定量の10%相当の炭素が、街の森によって固定されるんです。

――そこに意味があるわけですか。

小宮山　今回、プラチナ構想ネットワークの中の「森林産業イニシアティブ」が画期的だったのは、きちんと量で示したことです。今言ったような、日本の森林全体の炭素固定量の10%相当の炭素が街の森によって固定されるという数字をきちんと計算して示したというのは、日本で初だと思います。

さらに言えば、日本の豊かな森林資源を適切に管理・活用すれば、現在の4倍の国産木質バイオマスの供給が可能となります。これからバイオマス化学や木造都市の進展で木質バイオマス需要は大幅に拡大していくわけですが、増加分を含んだ需要の全てが国産資源で供給可能になる。

だから、ものすごい可能性を持っている。われわれが何度も、国土の3分の2以上を占める森林が我が国の貴重な財産だというのは、このためです。

――素人質問で恐縮ですが、よく日本で森林資源が活用されないのは、日本は急峻な山

が多くて、欧州の山とは違うという意見もあるんですが。

小宮山　それは嘘です。われわれも実は、十数年前に調査を始めた頃はそう思っていました。しかし、7~8年前から、なんでこんなに日本の林業と欧州の林業で生産性が違うんだということをかなり徹底的に調べ始めました。

すると分かったのは、北海道の山の平均斜度はスウェーデンよりも緩やかであると。広島県や岡山県あたりの中国山地もなだらかでした。だから、日本の山は急だからなんて言っているのは、ちゃんと調べていない人たちです。

今は斜度が30度くらいの山であれば林業はできます。30度というのは、スキーをしたことのある人なら分かりますが、直滑降をするのは怖いくらいの、かなり急な坂ですよ。それくらいまでは機械が入れるようで、それ以上のところはやらなければいいんです。だから、北海道の森林はまだまだ活用できる。皆できない理由ばかりを説明して、できる方策を探そうとしない。それが日本の大きな問題だと思います。

木村　やる気があれば解決策も考えられる。やはり、最後はガッツがあるかないかですね。

要は、やるかやらないか

――いいお話をいただきました。シェルターは注文住宅のほか、木造の大規模・中高層建築を手掛けているのも特徴です。最近では東京・豊洲市場に隣接する『豊洲《とよす》 千客万来《せんきゃくばんらい》』（企画設計・監修／万葉倶楽部株式会社一級建築士事務所、設計／五洋建設株式会社本社一級建築士事務所、木造設計／株式会社シェルター建築設計事務所、施工（温浴棟・食楽棟地下～1階）／五洋建設株式会社、施工（食楽棟2～3階）／株式会社石井工務店）に関わっていますね。

木村　はい。千客万来は長さ150㍍くらいの商業施設でして、江戸の街並みを再現した飲食街や物販店が入る3階建ての食楽棟と、高層部に湯河原と箱根のお湯を運び込む温浴施設やホテルがある9階建ての温浴棟で構成されます。これは間違いなく東京の新しい名所になりますよ。

これだけの規模の建物をつくるのですから、耐火性が要求されます。そこで食楽棟の木造部分には、当社が開発した木質耐火部材『COOL WOOD（クールウッド）』（1～3時間耐火の大臣認定を取得）が使われています。今年2月にグランドオープンを迎えたことを大変嬉しく思います。

――こうした木造建築物は海外では多いんですか。

木村　あることはあるんですが、昔、カナダで見た18階建ての建物は、構造体はきちんと防火された木造建築物になっているのに、石膏ボードを貼って、ペンキを塗っているから、木なのか何なのか、サッパリ分かりませんでした（笑）。

要するに、コストなどの合理性で判断しているから、仕上げ方とか、木の良さを活かすということは、あまり考えられていない建物もあります。しかし、日本の場合は木の温もりを大事にしているし、木が持つ癒しであるとか、素材の良さを大切にしていますよね。その辺が海外とは違ったところだと思います。今まで日本は欧米からいろいろな影響を受けてきましたけど、木構造のエンジニアリングに関しては、日本が先頭を走っています。だから、本気で先頭に立とうと思ったら立てるんです。要は、やるかやらないかですね。

――こうした事例が実際に出てくるとワクワクしますね。

小宮山　最後にもう一つ付け加えると、日本には豊富な水資源があるということ。世界中を探しても、水が豊富に自給できる国はそんなにありません。

日本には再生可能エネルギー、都市鉱山、バイオマス、水という豊富な資源がある。脱炭素への切り替えをするということは、日本が自給国家になるということなのです。

だから、日本には大いなる可能性がある。できない理由を探すのではなく、できる方策を探して前に進んでいくことが大事なのです。

終わりに

志と志をつなげて、新しい時代を切りひらく…

木村さんの経営者としての歩みを『財界』誌で連載したのは、2023年（令和5年）2月から8月までの約半年間。コロナ禍で世界中が大きな影響を受け、これからどういう生き方・働き方をすべきか、というテーマを世の中全般が抱えている時であった。

「迷った時は、厳しい方を選ぶように」――。

木村さんは、母親スケヨさんから、事あるごとにこう言われたという。「人生はいい事もあれば、悪い事も時にはあるし、いろいろな事が起きる。難しい局面に立たされる事もある。そういう時に、難題から逃げだすのか、それとも踏ん張って自分の信念を貫くかで、その人の人生も変わってくる」と。

母親も働きづめの一生であった。父・栄は工務店を経営し、弟子数人を抱える棟梁である。母親は弟子たちの賄いなどの世話を引き受け愚痴一つこぼさず、父親の仕事を補佐し続けた。

『ＣＯＯＬ ＷＯＯＤ（クールウッド）』や『ＫＥＳ構法』など画期的な技術を生み出した木村さん。その木村さんが自らの性格・性分について語る。

「わたしは創造するのが好きなんです。誰がやっても、同じ結果が出るのは面白くないと思う。建築というのは努力して創造力を働かせれば、できないものができるのです。そこに気が付いて創業の道を選んだんです」

新しい技術やノウハウを創り、それを拡げて行こうとすると、在来工法の利害とぶつかってしまう。当然、反撥もある。誹謗中傷も受けた。自らの進路についてどう選択するかという場面に木村さんは何度も出くわした。

そんな時に思い浮かんでくるのは、母親の「厳しい方を選ぶように」という言葉である。そして、「自分が開発した技術は合理的そのものだし、作業効率もいい。関係者もいつかは分かってくれるはず」と自らを鼓舞していった。

本論で記したように、木村さんが『ＫＥＳ構法』による住宅第１号を完成させたのは１９８７年（昭和62年）のこと。創業からは13年が経っていた。

創業時以来、ツーバイフォー工法による注文住宅を手がけてきていた。木村さんはKES構法で木造革命を起こそうと、KES構法一本で勝負していくことを決断。それまでのツーバイフォー工法を止めることにしたのである。

これには社内で動揺も起きた。せっかくのツーバイフォーで仕事を伸ばしてきたのにという反撥も起き、辞める社員も出てきた。

これは、当時30代の若手経営者だった木村さんにとって、大変に心の痛む出来事であった。しかし、「お客さんにも喜んでもらい、日本の住宅建築の生産性アップ、質の向上につながる構法」という木村さんの信念は変わらなかった。KES構法による木造住宅づくりこそが自分たちの使命という思いである。

難しい道かもしれないが、社会のためにプラスになる道を歩くという木村さんの選択である。こうした木村さんの経営者人生を見ていると、『志を立てる』とはどういうことかといろいろ考えさせられる。

志を立てる――。木村さん自身、創造する経営者になろうと、学生時代から読んで奮い立たされたのが米国の著述家、ナポレオン・ヒルの著作『成功哲学』である。

『自分の心に嘘はつかない』、『信じられることは達成できる』といった分かりやすい記述にはずいずい引き込まれた。何より、ナポレオン・ヒルの『思考は現実化する』という考え方に共鳴。原理原則にのっとって物事を考え、自分が正しいと思う道を歩くという生き方を『成功哲学』を読みながら身に付けていった。

また、米国の鉄鋼王、アンドリュー・カーネギーは鉄鋼業で財を成した実業家である。そして、その財を大学設立や社会福祉への寄金に当てるなど、自らの財産を社会に還元するという生き方である。そのA・カーネギーの経営哲学に木村さんは感動させられた。先人から学ぶことは実に多い。

先人から何を学んでいくか——。社員との読書会で、『論語』や『孟子』、さらには西郷隆盛に関する本、幕末の儒学者・佐藤一斎の『言志四録《げんししろく》』、さらには哲学者・教育者の森信三の『修身教授録』などの書物も取りあげるなど、社員の志の育成にも努めている。学び続けるという姿勢である。そして、何より、自分が米国に留学する時、金を工面し、支援してくれた父親への感謝。「普通なら反対するところだったでしょうが、よく許してくれたなと今も感謝しています」と木村さんは語る。

自分が進む道は、父親の在来工法とは違う新しい技術による木造住宅づくり、木造都市づくりである。しかし「父親がいたからこそ、今の自分がある」ということ。そして、重要な局面に差しかかったら、「厳しい方を選べ」と諭してくれた母親の存在。親と子のつながりの中に、まず〝人と人の絆〟はスタートするし、そこから社会に出て新しい知や才能に触れながら、その絆は広がっていくし、深まりもする。

『木造都市を全国につくる！』という思いを木村さんが実現していくうえで、国の内外で築いた絆は大きな支えになっていくものだと思う。

その絆の一つが、一般社団法人『プラチナ構想ネットワーク』である。同ネットワーク理事長の小宮山宏氏（東京大学元総長）は、「今の世の中にあふれているモノはプラスチックをはじめ、石油化学からつくられているモノが多い。その現実を踏まえ、これからは脱炭素ということで、石油や石炭が使えなくなりますから、それをどう代替して、つくっていくかが非常に重要な問題になります」と訴える。

資源活用も、石油などの化石燃料からバイオマス（再生可能な生物由来の有機性資源）への転換が進む中、日本国内の森林資源の有効活用が求められる時代に入ったということ。『木造都市を全国につくる！』という木村さんの思いは、日本の〝眠れる森林資源〟の活用、掘り起こしにつながる。日本には都市鉱山、バイオマス、水という豊富な資源がある。発想の転換で〝資源の国家〟自給国家を目指そうという小宮山さんと、「都市に森をつくる」という木村さんの思いがピタリと重なる時代である。
人と人の絆、志のつながりが新しい時代を切りひらいていく。

2024年3月

『財界』主幹　村田博文

『財界』主幹
村田博文 むらた・ひろふみ

1947年2月宮崎県生まれ。70年早稲田大学第一文学部卒業後、産経新聞社入社。77年財界研究所入社。88年総合ビジネス誌『財界』編集長、91年取締役、92年6月常務、同年9月代表取締役社長兼主幹。主な著書に『小長啓一の「フロンティアに挑戦」』、『「ご縁」が紡ぐ世界ブランド　ミキハウス』（共に財界研究所刊）がある

シェルター・木村一義の
「木造都市を全国につくる!」

2024年4月10日　初版第1刷発行

著者　村田博文
発行者　村田博文
発行所　株式会社財界研究所
［住所］〒107-0052 東京都港区赤坂3-2-12赤坂ノアビル7階
［電話］03-5561-6616
［ファックス］03-5561-6619
［URL］https://www.zaikai.jp/

印刷・製本　日経印刷株式会社
装幀　相馬敬徳（Rafters）

ISBN978-4-87932-161-9
定価はカバーに印刷してあります。